Radel dich satt
Hamburg & Umgebung

Der Hamburger Michel

Herbert Rönneburg

Radel dich satt

HAMBURG & UMGEBUNG

25 leichte Radtouren zu originellen Restaurants und Ausflugslokalen

BRUCKMANN

Der Kibbelsteg über das Brooksfleet (TOUR 5)

Inhalt

Terrasse der Aalkate auf dem Pinnaudeich (TOUR 12)

IM OSTEN 86

Schloss Reinbek mit seinem Terrassencafé (TOUR 17)

Am Nienwohlder Moor (TOUR 24)

Vorwort

Hamburg ist eine Großstadt! Wer einmal mit dem Auto die scheinbar unendlich langen Ausfallstraßen Hamburgs bis zum Stadtrand gefahren ist, kann sich vielleicht nicht vorstellen, dass man vom inneren Stadtbereich sehr schnell auf verkehrsfreien Wegen und naturnah dem Großstadtgetümmel entfliehen kann.

Hamburg hat ein Netz von grünen Adern So nenne ich die lauschigen, naturnahen Wege abseits des motorisierten Verkehrs, die meist an Flüsschen und Bächen entlanglaufen und die es einem erlauben, mitten in der Stadt der Stadt zu entfliehen. Auf solchen Wegen kann man ohne große Vorplanung einen schönen Radferientag einlegen. Diese grünen Schleichwege miteinander zu verbinden, habe ich mir zur Pfadfinderaufgabe gemacht.

Radel dich satt Manche sagen, das schönste an einer Radtour sei die Einkehr. Darüber kann man geteilter Meinung sein. Aber unbestritten steigert eine schöne Pause mit Einkehr den Genuss einer Radtour und kann sie unvergesslich machen. Die meisten Radtouren in diesem Band sind nicht so lang, sodass viel Zeit für die Einkehr bleibt. Wenn es irgendwie ging, habe ich den Teil nach der Einkehr kürzer angesetzt. Zusätzlich haben viele Touren auch noch eine Verkürzungsmöglichkeit.

Restaurantauswahl Natürlich gibt es eine unübersehbare Anzahl an Restaurants in Hamburg. Die vorgestellten in diesem Radführer sind meine ganz persönliche Auswahl. Sie mussten gut in die Tour passen, sich in vertretbarer Entfernung befinden und auch schöne Außenplätze bieten. So ist ein Kaleidoskop verschiedener Lokalitäten entstanden: vom klassischen Ausflugslokal im Grünen sowohl hin zu Restaurants der gehobenen Klasse als auch zu einfachen, originellen Imbissen. Lassen Sie sich überraschen!

Alle Touren sind an den Nahverkehr angebunden Im Gegensatz zum weitverbreiteten Nahverkehrs-Bashing bin ich vom Hamburger Verkehrsverbund begeistert. Der vollständige Ausbau aller Stationen mit Liften wird vorangetrieben. Die Regionalbahnen haben meistens Wagen mit Zugängen auf Bahnsteigkantenniveau. In den U-/S-/A-Bahnen ist die Mitnahme von Fahrrädern kostenlos und werktags außerhalb der Hauptverkehrszeiten erlaubt (Sperrzeiten 6–9 Uhr bzw. 16–18 Uhr; Sa und So ganztägig, in den Hamburger Schulsommerferien auch werktags frei). In den Regionalbahnen ist die Mitnahme ganztägig erlaubt, braucht aber ein extra Fahrrad-Tagesticket. Auf den Hafenfähren ist die Mitnahme kostenfrei und ganz-

Am Elbedeich bei Haseldorf

tägig erlaubt. Zu bedenken ist, dass an schönen Sonn- und Feiertagen die Schiffe meist recht voll sind – auch mit Fahrrädern.

Fahrrad ausleihen Das öffentliche Ausleihsystem »Stadtrad« in Hamburg ist ein sichtbarer Erfolg. Im Februar 2019 ist die zweite Generation an Rädern an den Start gegangen. Hamburger, die mit Gästen von außerhalb zusammen eine Radtour planen, können sich registrieren und dann unkompliziert per App an allen Ausleihstationen ein oder zwei Fahrräder greifen: und schon steht der gemeinsamen Erkundung Hamburgs per Rad nichts mehr im Wege. Besucher ohne Freunde in Hamburg können ohne Registrierung ein 24- oder 72-Stunden-Ticket erwerben. Informationen und Buchung unter: https://stadtrad.hamburg.de/de/tarife

Orientieren Am bequemsten haben es natürlich diejenigen Nutzer dieses Radführers, die die Tracks der Touren auf ein Navigationsgerät laden können (gps.bruckmann.de). Das könnte ein Navigationsgerät sein, das GPX-Dateien laden und lesen kann oder ein Mobiltelefon mit einer Karten-App, auf die man ebenfalls als Overlay die Trackdateien laden kann. Gut wäre es, wenn eine Karte von Hamburg dann schon offline auf dem Mobiltelefon abgespeichert ist: So schont man das Gebührenkonto und auch die Akkuleistung.
Wer diese elektronische Möglichkeit nicht hat, sollte unbedingt mithilfe der Tourenbeschreibung den Weg zum Beispiel auf dem Hamburger Radatlas vorab markieren: So kommt man gut durch die kleinteilige Wegführung der Schleichwege in einer Großstadt: Bikeline Radatlas Hamburg 1:20 000, Bikeline Radkarte Hamburg und Umgebung 1: 75 000.

THEATERZEPPELIN

Im Inneren

Relaxen im Wohlers Park, TOUR 4 (o. li.); das Wasserschloss in der Speicherstadt, TOUR 2 (o. re); an der Ericusspitze, TOUR 2 (u. re.); das Theaterschiff auf dem Isebekkanal, TOUR 3 (u. li.).

1

Durch Parks an die Elbe

Schlemmen auf der Elbe

Leicht | 24 km | 2,5–3 Std.

Tourencharakter
Leichte Tour auf festen Wegen mit einer 1 km langen Schiebestrecke an der Elbe

Ausgangspunkt
U-Bahn Hoheluftbrücke

GPS-Daten
53.578135, 9.976212

Endpunkt
U- und S-Bahn Landungsbrücken, Lifte vorhanden

Anfahrt
Mit der U 3 zur Station Hoheluftbrücke, Lift vorhanden

Abkürzung nach der Einkehr
Zurück zur S-Bahn Klein Flottbek (1,7 km)

Auf einer herrlichen Tour durch Kleingärten und Parks kommen wir zur Elbe und schlemmen auf einem Ponton mit einem Weitblick auf den großen Strom. Auf dem Prachtboulevard der Hamburger geht es dann zu den Landungsbrücken.

Durch Kleingärten und Parks An der U-Bahn Hoheluftbrücke wenden wir uns nach Verlassen des Fahrstuhls nach links und fahren an der Fahrradstation links, parallel zum Isebekkanal. Nach Querung der Mansteinstraße führt rechts eine Fahrradbrücke zur Goebenstraße. Wir befinden uns auf der Hamburger Veloroute 3, der wir über den Ring 2 hinüber durch die Unnastraße, den Eidelstedter Weg und die Stresemannallee folgen. Die jetzt verschlungene Wegführung macht eine kleinteilige Beschreibung notwendig. Hinter der kleinen Straße Herlingsburg biegen wir links ein in das Grün der Kleingartenwege. Der Weg führt uns zu einem Rechtsknick, wo wir aber an einem

Drängelgitter wieder aus der Anlage herausfahren und dann zwischen den Häusern nach 150 Metern einen Plattenweg nach rechts entdecken. Dem folgen wir mit seinem Linksknick, überqueren den Lenzweg, um gegenüber parallel zur U-Bahn wieder in ein Kleingartengelände einzutauchen. Der erste durchgehende Weg nach links bringt uns zur Hagenbeckstraße, wo gegenüber

Der Elbhöhenweg auf dem Altonaer Balkon

etwas nach rechts versetzt das nächste Kleingartengelände auf uns wartet. Am Vereinshäuschen vorbei fahren wir später an einer Einmündung nach rechts in die Högenstraße. Hinterm Spannskamp wird daraus ein Weg, der bald eine kleine Rechts-links-Verschwenkung macht. An seinem Ende landen wir an einem Drängelgitter am Platz vor der Feuerwache Basselweg. Gegenüber durchfahren wir die Jugendstraße und überqueren an der Fußgängerampel die tosende Kielerstraße. Direkt gegenüber führt uns ein Weg in die Johann-Wenth-Straße. An deren Ende geht es zwischen zwei Friedhofsteilen nach links, um in der folgenden Kehre des Eschenholt rechts zur Randstraße vorzufahren, wo wir rechts einbiegen. Kurz danach erreichen wir den Vorplatz der S-Bahnstation Stellingen, wo dieser Abschnitt auf Straßen ein Ende hat.

Auf dem Grünen Ring Ab hier könnten wir bis Teufelsbrück statt dieser Beschreibung auch einfach den grünen Banderolen der Markierungen des Grünen Rings folgen. Unter den Gleisen und der Autobahn führt ein breiter, motorverkehrsfreier Weg später über zwei Brücken zum Volkspark mit seinem Stadion. Hinter den Brücken – an der Einmündung in einen Querweg – biegen wir nach rechts, queren wiederum auf einer Brücke und folgen dem Weg linkshaltend bis zum Zusammentreffen dreier Straßen. Gegenüber nach rechts nehmen wir nun den rechten von zwei Wegen durch bewaldetes Gebiet, biegen an einer Wegeinmündung wieder rechts auf einen Halbrundweg ein, der uns zum Abzweig nach rechts zum Dahliengarten bringt, wo auch etwas zugewachsen ein Radwegweiser steht. In der Blütezeit der Dah-

Blühende Gärten in Övelgönne

lien ist ein kurzer Besuch des Gartens wirklich ein Muss! An der Stadionstraße fahren wir nach links bis zur Einmündung vor, überqueren an der Fußgängerampel die große Verkehrsachse und setzen schräg gegenüber fort. Im Blomkamp geht nach 50 Metern links ein Weg hoch in ein Parkgebiet, wo unter der Erde der Ringbeschleuniger der Forschungsstätte Desy liegt. Oben halten wir uns rechts und fahren immer geradeaus, bis der Weg zwischen Etagenhäusern und Friedhof nach links abknickt und uns zur Osdorfer Landstraße führt. An der Ampel überqueren wir die belebte Verkehrsachse und setzen drüben nach rechts durch einen kleinen Park fort. Die Radwegweisung führt uns nach links und wieder nach rechts zur Heinrich-Plett-Straße. Gegenüber an Kleingärten entlang schwenken wir später an einer Wegeinmündung nach links. Versteckt eingebettet sehen wir bald rechts den idyllischen Ziegeleiteich, ein möglicher Platz für eine Pause.

Ja, wo laufen sie denn? Der Weg aber führt uns weiter geradeaus über den Hemmingstedter Weg am Rand des Botanischen Gartens entlang. Rechts liegt die Poloarena, wo man an manchen Tagen auch ein Spiel beobachten kann. Am Ende in der Kehre der Straße Am Heesen biegen wir rechts ein und sehen die Gleise der S-Bahn wie einen Sperrriegel vor uns liegen. Etwas links versetzt führt eine Rampe unter den Gleisen hindurch. Auf der anderen Seite führt uns unsere Tour – etwas nach links versetzt – nach rechts in den nächsten Park. Links von uns liegt die Springderby-Arena. An der nächsten Wegeeinmündung biegen wir nach rechts und wieder links ab, folgen dem Weg, überqueren die Straße Quellental und nehmen den linken der gegenüberliegenden Parkwege. In rasanter Fahrt führt dieser Weg durch den Park, halblinks dann an Villen vorbei und bringt uns schlussendlich nach Teufelsbrück und zu unserem Schlemmerziel Café-Restaurant Engel auf dem Anleger.

Kapitänshäuser an der Schiebestrecke in Övelgönne

Prächtige Ausblicke Nach der Einkehr fahren wir auf dem Elberadweg Richtung Stadtmitte immer an der Uferkante entlang. Dieser Weg ist am Wochenende sehr frequentiert. Er ist so schön, dass ich immer wieder begeistert bin. Wir kommen bald zur kontrovers diskutierten Schiebestrecke in Övelgönne (1 km). Es ist wunderbar, hier den Blick zwischen den alten Häusern und den Gärten schweifen zu lassen. Im Frühling genießt man die Blütenpracht.

Alte Schiffe Am Ende der Schiebestrecke beim Museumshafen wird es touristisch: Ein Restaurant reiht sich an das nächste. Die alten Schiffe im Hafen sind einen Blick wert. Für weiterhin schöne Ausblicke von einer hohen Warte fahren wir gleich den Elbhang hoch. Dazu folgen wir der hier beginnenden Straße 250 Meter bis zu der leichten Verschwenkung und folgen dort nach links einem schmalen Weg zwischen den Häusern. Keine Angst: Kurz vor der Treppe geht etwas versteckt nach rechts eine Rampe hoch in den Elbpark.

TIPP

Wer es etwas rustikaler mag, der findet auf dem Ponton Teufelsbrück auch einen Imbiss, der am Wochenende geöffnet hat.

Höhepunkte Dieser Parcours ist jetzt ein weiterer Höhepunkt: Oben auf halber Höhe angelangt, folgen wir nach rechts dem Schopenhauerweg immer geradeaus. Nie müssen wir eine Treppe nehmen. Es geht am Ende etwas aufwärts zur Sackgasse Rainvilleterrasse, wo aber gleich nach wenigen Metern rechts der Weg weitergeht und uns auf einer Brücke über die Straßenschlucht der Kaistraße führt.

Auf dem Altonaer Balkon Jetzt landen wir auf dem Altonaer Balkon mit einer wunderbaren Aussicht auf den Strom und die Ha-

Der Findling »Alter Schwede« am Elbstrand

fenanlagen. Wir folgen weiter dem gewundenen, asphaltierten oberen Weg, bis uns eine Treppe zwingt, nach links abzuknicken und nach rechts in die Straße Palmaille einzubiegen. Aber gleich nach 50 Metern rechts bringt uns die Sägemühlenstraße wieder zum Weg zurück, auf dem wir nach links stetig abwärts unseren Höhenweg an der Carsten-Rehder-Straße beenden. Wir fahren nach links hinauf zur Freifläche des Fischmarkts. Am unteren Ende der Marktfläche überqueren wir an einer Ampel die Große Elbstraße, wo wir dann auf dem Radweg auf der Flutschutzmauer bis zu den Landungsbrücken radeln können.

Das Restaurant – Café Engel

liegt in Teufelsbrück auf dem Anleger – also einem Ponton – und ist quasi ein schwimmendes Haus. Wenn gerade ein Schiff anlegt und Wellen aufwühlt, kann der Boden schon einmal leicht schwanken. Die Lage ist einfach einmalig: der Blick durch den lichtdurchfluteten Raum auf den großen Strom und die dicken Pötte, die vorbeigleiten. Überwältigend, wenn man dort abends sitzt und im Westen über dem Strom die Sonne untergeht. Und die Küche kann sich sehen lassen: Es ist Tarik Rose, der für sie verantwortlich ist. Das ist eher gehobene Kulinarik – nicht gerade billig, aber den Preis allemal wert. Wenn Tarik seine Miniküche einmal verlässt und durch das Restaurant schlendert, kommt man sehr leicht ins Gespräch mit ihm: He snackt noorddüütsch.

www.restaurant-engel.de · Mi–Fr ab 15 Uhr, Sa+So ab 13 Uhr

Kleine Hafenrundfahrt

Hafenromantik im Sonnenuntergang auf Brücke 10

2

Leicht | 18 km | 2–2,5 Std.

Tourencharakter
Leichte Tour auf festen Wegen, teilweise durch Hafenindustriegebiet

Ausgangspunkt
Hamburg Hauptbahnhof

GPS-Daten
53.553538, 10.007140

Endpunkt
U- und S-Bahn Landungsbrücken, Lifte vorhanden

Anfahrt
Anfahrt mit allen Schnellbahnen zum Hauptbahnhof, Lift vorhanden

Abkürzung nach der Einkehr
Keine

Für diese kleine Tour durch die Hafencity und den ehemaligen Freihafen empfiehlt sich ein warmer, sommerlicher Abend, der auf Brücke 10 bei Sonnenuntergang mit einem knusprigen Fischbrötchen und einem erfrischenden Getränk ausklingt.

In die historische Speicherstadt Wir starten unsere Hafentour am Hauptbahnhof, vorzugsweise zwei bis drei Stunden vor Sonnenuntergang. Wir fahren am Ausgang Glockengießerwall nach links hinunter und landen an der gigantischen Kreuzung mit den Deichtorhallen und fahren halbrechts über die Oberbaumbrücke, überqueren hier die Straße und umrunden einmal die Ericusspitze mit schönen Ausblicken auf den Oberhafen und die Oberhafenbrücke. Nach der Umrundung fahren wir gegenüber über die Poggenmühlenbrücke in die historische Speicherstadt, einem UNESCO-Weltkulturerbe. Schon auf der Brücke haben wir ein traumhaftes Postkarten-

motiv: Das Wandrahmfleet teilt sich in zwei Arme und zeigt an seiner Teilung das Restaurant Wasserschloss mit seiner Terrasse.

Wir nehmen jetzt kurz das Kopfsteinpflaster in Kauf, biegen hinter der Brücke links in den Alten Wandrahm und an der nächsten Möglichkeit wieder links auf die Wandrahmsfleetbrücke. Hier müssen wir einfach die Kamera herausholen! Jetzt haben wir das Wasserschloss von vorn. Für die Weiterfahrt biegen wir dann nach rechts auf Holländischer Brook ein und an der nächsten Möglichkeit rechts über die Kornhausbrücke und aus der Speicherstadt heraus. Von der anderen Seite des Zollkanals können wir jetzt die Bauten der Speicherstadt bewundern, ohne uns von dem Kopfsteinpflaster weiter durchschütteln zu lassen. Nach links fahren wir immer an der Wasserseite auf einem erhöhten Radweg bis zur Niederbaumbrücke an der U-Bahnstation Baumwall. Im vorderen Teil des Kanals ist der Hafen für die Binnenschiffe. Vorher, beim Überqueren des Nicolaifleets, können wir von der Brücke und in der Deichstraße einen Blick auf die wenigen vom großen Hamburger Brand verschonten historischen Gebäude werfen.

TIPP

Wer die Plaza der Elbphilhamonie noch nicht kennt, sollte die Fahrräder anschließen und schauen, ob er (wegen der Zugangslimitierung) ein kostenloses Ticket erwerben kann. Wer auf Nummer sicher gehen will, kauft gegen eine Gebühr am Tag vorher online einen Timeslot. Damit kann man für fantastische Ausblicke auf den Umgang in halber Höhe fahren.

Das Wasserschloss am Wandrahmsfleet

TIPP

Wer die Hafenrundfahrt tagsüber macht und viel Zeit hat, kann das Hafenmuseum in seiner Gänze besichtigen (Mi–Mo 10–17 Uhr, Sa, So bis 18 Uhr).

In die neue Hafencity Nach links über die Niederbaumbrücke führt uns der Radweg über die Kehrwiederspitze nach rechts über die Mahatma-Gandhi-Brücke zur Elbphilharmonie. Wenn wir keine Pause machen wollen, rollen wir über den Vorplatz und setzen unsere Tour nach links unten an der Wasserkante des Grasbrookhafens fort und an dessen Ende nach rechts über die Marco-Polo-Terrassen zu einem Ausblick auf die Norderelbe. Nach unserem Ausblick zurück zur Straße biegen wir nach rechts mit dem Spielplatz auf unserer linken Seite und bleiben dann auch geradeaus in der motorverkehrsberuhigten Zone, bis uns ein Kanal bremst. Wir wenden uns nach links in die Osakaallee, rollen fast ganz durch bis zu einer Rampe rechts, die uns zur Brücke über den Magdeburghafen hinunterführt. Links liegt dann das Maritime Museum. Wir fahren geradeaus vor bis zum Lohsepark, den wir nach rechts durchqueren. Kurz können wir die Gedenkstätte Hannoverscher Bahnhof besichtigen.

Zum Baakenhafen Nach der Durchquerung finden wir auf der gegenüberliegenden Seite eine gewundene Rampe, die uns zum Versmannkai herunterbringt. Wir biegen links ein und fahren unter der Brücke, im Folgenden durch historische Hafenkräne hindurch und überqueren den Baakenhafen auf einer Fußgängerbrücke zum Park gegenüber und halten uns links. Der Park und die Promenaden an der Hafenbeckenkante sind bereits fertig gestaltet. Aber links und rechts des Hafenbeckens wird – jedenfalls 2026 – noch kräftig gebaut. Die Hafencity ist das größte innerstädtische Entwicklungsprojekt in Europa: die Fertigstellung dauert! Nach der Querung des Parks – dann mit seiner markanten Pyramide im Rücken – fahren wir weiter am Hafenbeckenrand entlang bis zum finalen Platz. Dort biegen wir nach links auf die Baakenwerderstraße ab und fahren an der Ampel nach rechts in einem großen Bogen zwischen den neuen Schnellbahnstationen Elbbrücken durch auf die Freihafenelbbrücke. Wieder so ein markanter Fotopunkt!

Routenalternative

Die Grundsanierung der Freihafenelbbrücke wird immer wieder verschoben. Wenn es so weit ist, wird es eine temporäre Fußgängerpassage geben, die aber nur 1,30 m breit sein wird. Wer diesen Weg nicht wagen will, fährt an Ende der Promenade geradeaus in die Unterführung Zweibrückenstraße und über die parallele Nordereblbrücke auf die Veddel. Am dann kommenden Platz kann man hinter der Bahnunterführung links hoch fahren und kommt so direkt zur Sachsenbrücke.

Rund um den ehemaligen Freihafen Hinter der Brücke fahren wir geradeaus, schauen nach rechts auf den kleinen Grasbrook, dem nächsten großen innerstädtischen Bauprojekt, und biegen nach 600 Metern an einer Ampel nach rechts auf die Sachsenbrücke ab und dann sofort links in die Dessauer Straße. Es wird einem klar, dass von der Straßenseite ein Hafen nur ein riesiges Gewerbegebiet mit Wasseranschluss ist! Mich fasziniert es dennoch. Wir haben dann von der folgenden Hansabrücke einen schönen Ausblick auf den Saalehafen und den Hansahafen. Die Straße führt uns wieder zurück zur Hafenumrundungsstraße nach rechts, die jetzt Veddeler Damm heißt. Danach kommt der Kai des Hansahafens mit den Schuppen des Hafenmuseums in Sicht. Hier verlassen wir kurz den Veddeler Damm und machen

Chillout an der Kaikante von Brücke 10

einen Schlenker, um später auf ihn zurückzukommen. Rechts tut sich ein kleiner Fußweg auf zur Australiastraße. Wir können durch ein Fluttor zum Kai des Hansahafens abbiegen und uns die Museumsexponate ansehen, die am Kai vertäut sind. Wir müssen auf jeden Fall wieder zurück zum Veddeler Damm und ihn weiter durchfahren. Auf der linken Seite die unendlichen Gleise der Hafenbahn mit unterschiedlichem Wagenmaterial. Später fahren wir halbrechts den Reiherdamm zur Argentinienbrücke hoch. Auf der Brücke hat man einen wunderbaren Überblick. Wenn wir wieder unten sind, geht es gleich rechts in den Ellernholzdamm. Die Hälfte dieser holprigen Straße fahren wir auf dem Fußweg auf der linken Seite. Hinter der Grevenhofkanalbrücke wird der Straßenbelag besser und wir können auf der Straße fahren. In diesem Gewerbegebiet ist man vor Überraschungen nicht sicher: Plötzlich zeigt sich eine schmucke, alte Backsteinvilla zwischen den Hallen oder schwankende Gabelstaplerungetüme, die hoch über unseren Köpfen Container transportieren, können unseren Weg kreuzen, und am Grevenhofkanal sieht man dann kleine Schiffe ankern. Kurz vor dem Rechtsknick der Straße biegen wir links in den Rohrweg, wo es gleich rechts auf den Parkplatz der Musicaltheater geht und zum wunderbaren Boulevard an der Wasserkante mit einem grandiosen Blick auf die Skyline.

Durch den Alten Elbtunnel zu den Landungsbrücken Für den Abschluss unserer Tour fahren wir weiter auf dem Rohrweg, schlän-

Panorama mit Elbphilharmonie

geln uns dem Straßenverlauf folgend über die Norderlochbrücke und fahren dann rechts in die Hermann-Blohm-Straße, die uns zum Alten Elbtunnel führt. Abends muss man die zwei großen Personenaufzüge links und rechts in Selbstbedienung benutzen. Die kultigen, ehemaligen Fahrzeuglastenaufzüge werden nur tagsüber bedient. Drüben angekommen fahren wir nach links am Parkdeck vorbei und nehmen die letzte Brücke zu den Landungspontons, die Brücke 10. Eine versteckte Rampe führt uns hinunter zum Fischimbiss Brücke 10. Für den Rückweg fahren wir zurück zum Alten Elbtunnel und sehen nicht weit vor uns die U- und S-Bahnstation Landungsbrücken.

Der Fischbrötchenimbiss Brücke 10

Die Hamburger Landungsbrücken sind lang und mit kleinen Restaurants und Fischbrötchenimbissen gepflastert. Warum dann der Fischbrötchenimbiss Brücke 10?

Zum einen die Lage: Er liegt am äußersten westlichen Rand und bietet einen unverstellten Blick auf die Elbe und die untergehende Sonne. Und hier dünnt sich der Trubel auch etwas aus. Gute Voraussetzung für einen romantischen Abend mit sehnsüchtigen Blicken auf die Wasserfläche und den Schiffen darauf. Unterstützt wird dies durch die lockere Stimmung der Crew und der Gäste.

Und zweitens die Frische! Tatsächlich sind die Brötchen hier ganz frisch gemacht und richtig kross! Das habe ich so bisher noch nicht erlebt. Dazu ein Glas Grauburgunder oder ein Astra aus der »Knolle«: einfach herrlich! Den Status »Kultimbiss« trägt die Brücke 10 zu recht!

www.bruecke10.com
April–Okt. 10–22 Uhr, Nov.–März 10–20 Uhr

3

Auf Parkwegen durch die Stadt

Eine Überraschungstour

Leicht | 25 km | 3 Std.

Tourencharakter
Eine leichte, innerstädtische Tour auf Rad- und Parkwegen und einigen wenigen Straßen

Ausgangspunkt
U-Bahn Christuskirche

GPS-Daten
53.569602, 9.962358

Endpunkt
U Alsterdorf
(Lift vorhanden)

Anfahrt
Mit der U 2 zur Station Christuskirche. Lift vorhanden

Abkürzung nach der Einkehr
Keine

Auf unserem Weg durch die Stadtteile von West nach Ost finden wir überraschend viele grüne, angenehme Parkwege. Und am Ende lassen wir uns überraschen von der Verwandlung eines alten Trafohäuschens zu einem traumhaften Bistro mit seiner Terrasse mit einem malerischen Blick auf den Alsterkanal.

Am Isebekkanal Wir starten an der U-Bahnstation Christuskirche. Am Ausgang queren wir die Fußgängerampel nach links, rollen in den Weidenstieg hinein und dann nach rechts auf den Zweirichtungsradweg zwischen Kanal und Schwimmbad – ein Eimsbüttler Schmuckstück mit viel Radverkehr. Am Ende des Radwegs an der Hoheluftbrücke queren wir selbige und fahren auf der anderen Uferseite im Lehmweg weiter. Später biegen wir nach rechts in die Hegestraße ein und erreichen in ihrer Verlängerung den kleinen Kellinghusen Park.

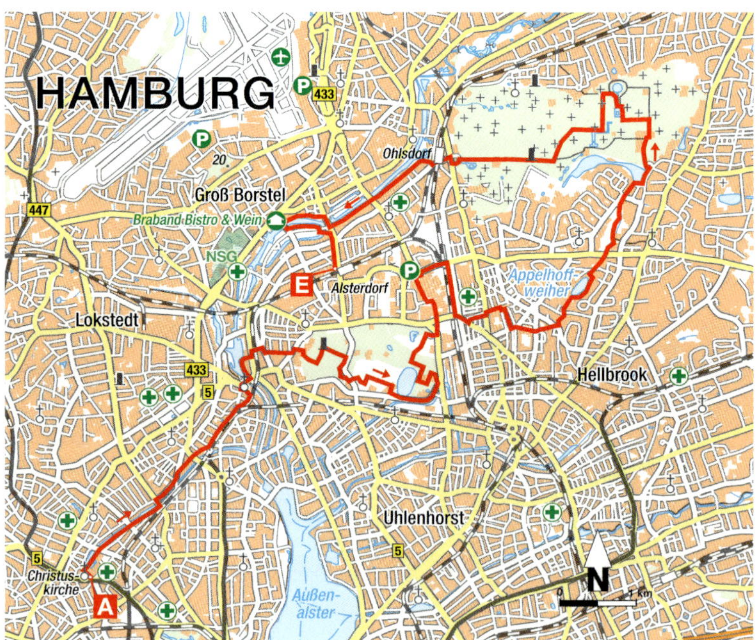

An der Alster An dessen Ende fahren wir rechts unter den Hochbahnbrücken hindurch in die gegenüberliegende Kunhardstraße zur Heilwegstraße, in die wir links einbiegen, die schöne Fachwerkkirche St. Johannis passieren und dann nach rechts die Alster auf der Winterhuder Brücke überqueren. Sofort danach wechseln wir an der Fußgängerampel die Straßenseite

Links: Die Liebesinsel im Stadtpark

Rechts: Im Stadtpark – die Sichtachse aufs Planetarium

zum gegenüberliegenden Winterhuder Kai. Kurz werden wir von der Alster begleitet mit schönen Blicken auf das Alsterbecken am Haynspark und schönen Villen in exklusiver Lage. Nach einem Rechtsknick biegen wir links in die Bebelallee auf einen Radweg auf der Fahrbahn. Schon nach 200 m fahren wir nach rechts auf einem Weg unter den Hochbahngleisen hindurch und danach nach rechts zur Alsterdorfer Straße. Gleich die erste nach links, die Himmelstraße, führt uns auf gut zu befahrendem Kopfsteinpflaster zum Stadtpark.

Im vielfältigen Stadtpark Wir queren die Ohlsdorfer Straße zum Eingang des großen Stadtparks. Der Stadtpark ist ein fantastisches Areal mit großen Freiflächen, Sportanlagen, einem Schwimmbad, wilden und kultivierten Gartenflächen, Skulpturen und Gastronomie am Wasser. Als erstes fahren wir auf dem zweiten Weg nach links auf das imposante Gebäude des Planetariums zu. Eine riesige Sichtachse öffnet sich Richtung Stadtparksee. Wir fahren diese Achse ein Stück hinunter und biegen kurz vor der querenden Straße auf einen Weg nach rechts ab. Im Wegegewirr halten wir uns an einer Gabelung nach links und am folgenden Wegeknoten geradeaus: So kommen wir zu einem Café in einem historischen Gebäude, das in seiner Entstehungszeit eine Halle für Trinkkuren war. Nach einer eventuellen Kaffeepause fahren wir mit der Trinkhalle im Rücken den ersten Weg rechts aus dem Areal heraus, überqueren die Otto-Wels-Straße, halbumrunden einen kleinen Brunnen, bleiben geradeaus und erreichen nach einer Wegegabelung nach rechts dann die große Stadtparkwiese. An ihrem rechten Rand fahren wir auf einem breiten Weg herunter, biegen vor dem Stadtparksee nach rechts und gleich wieder links ab. Wir passieren eine Brücke zu einer kleinen Insel linkerhand mit einem Bootsverleih und einem Kiosk: ein schöner Ort. Unser Weg führt uns jetzt parallel zur Straße Südring zum südöstlichen Ende des Parks. Wer jetzt schon eine Pause braucht, findet hier zwei Cafés und einen Biergarten an der Wasserseite. Bevor wir den nordöstlichen Zipfel des Parks ansteuern, bummele ich gern noch ein bisschen im Park herum und erfreue mich an den Gärten und den Skulpturen. Meine Orientierung bleibt die Saarlandstraße am östlichen Rand des Parks.

Der Vorzeigeradweg zum Pergolenviertel

Auf dem Vorzeigeradweg Am Ende der Saarlandstraße in ihrer leichten Linkskurve überqueren wir sie und radeln auf dem neugebauten Vorzeigeradweg durchs Pergolenviertel – ein allerdings kurzes Vergnügen. Zuerst unter der Jahnbrücke hindurch fahren wir später noch vor der nächsten Unterführung unter der Hebebrandstraße rechts hoch auf Straßenniveau. Wir überqueren die S-Bahnbrücke und fahren unmittelbar danach nach rechts auf die umgenutzte Schalterhalle der Station Rübenkamp zu, die jetzt ein nettes Café mit Außenplätzen ist. Etwas nach links versetzt neben dem Café können wir unsere Tour weiter geradeaus auf dem langen, geraden Weg der Kleingartenkolonie Fortschritt und Schönheit fortsetzen. Am Ende haben wir ein paar flache Stufen zu überwinden, um uns dann nach links über die Kreuzung auf den Grünstreifen der Straße Hartzloh zuwenden zu können.

In Barmbek Wir weichen einem Spielplatz auf die Straße aus, überqueren die Fuhlsbüttler Straße und fahren vor bis kurz vor die Kirche St. Gabriel und biegen dann nach rechts in die Otto-Speckter-Straße ein. An der folgenden Ampel halblinks gegenüber tauchen wir jetzt wieder ein ins Grün der Parks. Wir queren eine Straße, passieren einen Teich auf seiner linken Seite und erreichen die Seebek nach dem weiteren Queren einer Straße.

Die historische Trinkhalle im Stadtpark

An der Seebek Die Seebek leitet uns jetzt. Sie fließt durch den Appelhoffweiher, den wir links- oder rechtsherum passieren können. Am Ende folgen wir wieder der Seebek an ihrem linken Ufer. Nach der vorsichtigen Querung der Steilshooper Allee fahren wir gegenüber weiter. Am zweiten Brückchen wechseln wir die Uferseite und nach Querung der Straße Leeschenblick noch einmal. So kommen wir zum Quellsee der Seebek, dem Bramfelder See. Wir können den schönen See einmal umrunden oder einfach geradeaus weiterfahren.

Der größte Parkfriedhof der Welt Wir kommen zu einem Rondell an einem der Eingänge zum größten Parkfriedhof der Welt, dem Ohlsdorfer Friedhof. Ähnlich wie beim Stadtpark ist es hier verlockend, in allen Ecken herumzustöbern, wenn wir nur am Ende den westlichen Haupteingang gegenüber der Schnellbahnstation Ohlsdorf erreichen. Mein Vorschlag ist, die am Rondell beginnende Kirschenallee hochzufahren und an der Mittelallee mit dem Grünstreifen in der Mitte nach links abzubiegen. Wenn wir rechts einen Teich sehen, biegen wir davor auf den Weg nach rechts und sehen vor einem Brückchen links eine Bank mit einem schönen Blick auf den kleinen See. Hier haben wir sogar einmal einen Eisvogel gesehen. Es gibt viele solche Plätze auf diesem einmaligen Friedhof. Zurück auf der Mittelallee und dann an Kapelle 10 halbrechts in die Cordesallee könnten wir der breiten Allee folgen bis

TIPP

Für 2 Euro kann man im Planetarium die Aussichtsplattform erklimmen für einen beeindruckenden Rundumblick von dieser hohen Warte!

zum Haupteingang – es sei denn, wir möchten noch weitere Erkundungen vornehmen. Wir müssen dann nur die Richtung beibehalten.

An der Alster Am Haupteingang verlassen wir den Friedhof, überqueren die Fuhlsbüttler Straße zur Alsterdorferstraße, rollen unter den Schnellbahnbrücken hindurch und fahren hinter der etwas unübersichtlichen Kreuzung auf den Grünstreifen entlang der Alster parallel zur Rathenaustraße zu. An der zweiten Alsterquerung, der Hindenburgbrücke, wechseln wir

Bogenschießen im Stadtpark?

die Uferseite und rollen durch ein sehr schönes Parkstück, an dessen Ende wir zum Alsterdamm hochfahren und dort unsere malerische Einkehr finden: das Bistro Braband.

Zurück zur U-Bahn Für unsere Heimfahrt haben wir es leicht: Wiederum auf der gegenüberliegenden Uferseite fahren wir zurück zur Hindenburgbrücke mit ihrer großen Kreuzung und biegen an dieser nach rechts ab und kommen nach Querung zweier Straßen zur U-Bahnstation Alsterdorf.

Das Weinbistro Braband

Das Weinbistro Braband taucht am Ende unserer Tour überraschend aus dem Parkgelände an der Alster auf, angeschmiegt zu einer Einheit mit der Brücke des Alsterdorfer Damms. Das ehemalige Trafohäuschen nach den Plänen Schumachers steht jetzt unter Denkmalschutz und ist in ein stylisches Bistro verwandelt worden. Die vielen Rundbogenfenster fluten den schön gestalteten Innenraum mit Licht. Noch schöner jedoch ist es auf der Terrasse unter den Weiden direkt am Alsterkanal. Eine herrliche Location für den Abschluss unserer Tour oder gar einen romantischen Sommerabend.

Die Karte zeigt anspruchsvolle, feine Bistroküche zu üblichen Preisen. Trotz Küchenpause am Nachmittag werden Flammkuchen durchgehend serviert. Die Location und das mittägliche Menü haben uns so überzeugt, dass wir Pläne machten, einmal im größeren Familienkreis wieder hierher zu kommen.

www.braband-bistro.de · tägl. von 12–22 Uhr

4

Urbanes Hamburg

Eine Stadtteiletour abseits der Touristenpfade

Leicht | 11 km | 1–3 Std.

Tourencharakter
Eine leichte innerstädtische Tour auf Rad- und Parkwegen und Straßen mit vielen Haltepunkten

Ausgangspunkt
Bahnhof Altona

GPS-Daten
53.551983, 9.934592

Endpunkt
U-Bahnstation Christuskirche, Lift vorhanden

Anfahrt
Mit der S1, S3, S31 zum Bahnhof Altona, Lift vorhanden

Abkürzung nach der Einkehr
Keine

Diese Tour auf angenehmen Wegen abseits der bekannten Sehenswürdigkeiten zeigt uns das Leben in verschiedenen Stadtteilen. Am Ende besuchen wir das Café der einzigartigen Biokonditorei Hamburgs in Eimsbüttel: ein einmaliger Genuss!

Originelles Ottensen Unsere Tour beginnt mit einem Bummel durch Ottensen am Bahnhof Altona. Am Ausgang Ottensen biegen wir nach rechts in den Hahnenkamp, halten uns an der Gabelung links, fahren über die kommende Kreuzung hinweg und biegen später rechts in die Abbestraße. An der Zeißstraße angekommen, fahren wir zuerst links zur Nr. 28, wo ein kleiner Gang zu einem der vielen Hinterhöfe mit dem Stadtteilarchiv Ottensens führt. Danach drehen wir um und wenden uns beim

»Industriekunst« vor dem Eingang der Fabrik

Sichtbare Spuren der Industrievergangenheit in den Zeisehallen

Grünareal an der Osterkirche nach links. Überall gibt es schöne und überraschend gestaltete Hinterhöfe! An der Gaußstraße biegen wir links ein und in den Nernstweg wieder links. An der Einmündung betrachten wir das Haus links an der Ecke, wenden uns nach rechts und halten dann nach rechts auf der belebten Bahrenfelder Straße auf das traditionsreiche Kulturzentrum Fabrik zu, das an der nächsten Kreuzung liegt.

Fabriken werden Kulturzentren Nomen ist hier Omen: Es ist eine ehemalige Fabrikhalle. Der historische Kran vor dem Eingang verdeutlicht das auch. Danach fahren wir die Bahrenfelder Straße wieder zurück, biegen am dreieckigen Alma-Wartenberg-Platz zweimal rechts ab zur Friedensallee und entern kurz danach links die Zeisehallen: auch ein schönes Beispiel für umgenutzte Industriebebauung. Innen müssen wir kurz schieben und verlassen nach einem Rundumblick die Hallen wieder auf der gegenüberliegenden Seite, halten uns geradeaus zwischen den Häusern und biegen in die erste Straße nach links.

Kleine Fachgeschäfte in Ottensen Durch den Kemal-Altun-Platz fahren wir schräg hindurch und erreichen links abbiegend die Ottenser Hauptstraße mit den vielen Cafés und kleinen

Fachgeschäften. Am Spritzenplatz biegen wir nach rechts, die nächste wieder rechts und die Eulenstraße ebenfalls ein paar Meter nach rechts, um kurz danach durch eine Pforte links vom Spielplatz einen Weg zur Sackgasse Am Pflug zu finden. Zurück an der Bahrenfelder Straße fahren wir wieder rechts, queren die Arnoldstraße, biegen in die nächste nach rechts. Hier passieren wir die innen und außen schön geschmückte Weinstube Zur Traube. Wir halten uns danach links, überqueren den Ottenser Marktplatz und fahren auf den Kirchhof der sehr schönen, markanten Christianskirche mit dem Grab Klopstocks davor.

Der Altonaer Balkon Wir verlassen den Kirchhof auf der Stirnseite – zum Rathaus hin, biegen nach rechts, überqueren die Straßen an den Fußgängerampeln zur schräg gegenüberliegenden Seite für den Aussichtspunkt Altonaer Balkon. Hier gibt es Bänke für eine kleine Pause mit einem wunderbaren Blick auf den Hafen: ein Platz zum Träumen! Weiter geht unsere Fahrt nach links auf dem geteerten Höhenweg. Abwärts gehende Wege mit Treppen ignorieren wir. Der Weg endet an der Straße Palmaille, wo wir uns zweimal nach rechts wenden zur Sägemühlenstraße, deren Sackgasse uns nach links zum Höhenweg zurückführt. Der geht langsam abwärts bis zur Carsten-Rehder-Straße, wo wir nach links zum Fischmarkt hoch fahren. An der Marktfläche rechts unten überqueren wir die Große Elbstraße und fahren nach links auf die Kaikantenpromenade.

Skulptur am Spritzenplatz in Ottensen

Alternative Hafenstraße Am Ende der Promenade überqueren wir an der Fußgängerampel die viel befahrene Straße und fahren ein paar Meter zurück, um den Beginn der Hafenstraße zu finden, die im spitzen Winkel die Geestkante hoch geht und zu Anfang entgegen ihres Namens nur ein Fußweg ist. Die Hafenstraße war in früheren Zeiten umkämpftes Gebiet zwischen Hausbesetzern und den Staatsorganen und ist jetzt ein pittoreskes Biotop der alternativen Szene. Wir kommen zum Park Fiction mit wunderbarer Aussicht auf die Elbe. Vom Park aus das Rotlichtviertel zu erkunden, steht jedem frei. In unserem Rücken versteckt sich die Sankt-Pauli-Kirche mit ihrem Kirchhof. Wir können die Kirche einmal umrunden oder direkt geradeaus weiter den Pinasberg herunterfahren.

Parks zwischen Stadtteilen Wir queren etwas nach rechts versetzt die Hauptstraßenmündung zum gegenüberliegenden Park, um auf schönen Parkwegen bis in das Szeneviertel Schanze zu fahren. Unser Parkweg mündet gleich in einen anderen, wo wir nach rechts einbiegen. Wir folgen diesem Weg immer geradeaus, lassen die Trinitatiskirche links liegen, überqueren die Königstraße und queren die Louise-Schroeder-Straße und nehmen gegenüber unseren Weg im Park zwischen den Etagenhäusern auf.

Ein Park zum Relaxen Der schöne Weg führt auf eine Brücke über die Holstenstraße und endet gegenüber dem ehemaligen Friedhof Norderreihe, der jetzt als Wohlers Park eine innerstädtische Erholungsoase ist und von Anwohnern gern genutzt wird. Diesen durchfahren wir durch ein Torhaus und finden den Ausgang an der gegenüberliegenden Seite, wo uns eine versteckte Rampe die Treppe vermeiden lässt. Vor der Kulturkirche St. Johannis biegen wir rechts ab in den Dohrnweg, passieren den Paulsenplatz an der rechten Seite und kommen an der Stresemannstraße heraus.

Grandiose Aussicht vom Altonaer Balkon

Szeneviertel Schanze Über die Fußgängerampel rechter Hand kommen wir in die Juliusstraße, die uns zum Schulterblatt ins Herz des Schanzenviertels bringt. Dort können wir ein wenig verweilen: Auch tagsüber pulsiert hier das Leben. Wir verlassen die Schanze auf dem Schulterblatt nach links, biegen hinter den Bahnbrücken an der Kreuzung nach rechts ab und überqueren auf der Höhe der Bartelsstraße die Fahrbahn, um in den gegenüberliegenden Lindenpark zu kommen, einem Beispiel für die urbane Nutzung der Flächen zwischen der dichten Bebauung.

Im Lindenpark Wir folgen dem geteerten Weg über die Amandastraße hinüber, umfahren beim Brunnen den Spielplatz und biegen am Ende nach rechts in die interessante Bellealliancestraße ein, die uns zur großen Kreuzung an der U-Bahnstation Christuskirche bringt.

Im Hinterhof beim Stadtteilarchiv in Ottensen

Am Kaiser-Friedrich-Ufer Gegenüber rollen wir in den Weidenstieg und fahren kurz danach nach rechts auf den Zweirichtungsradweg zwischen Kanal und Schwimmbad. An der folgenden Fußgängerampel biegen wir nach links über die Brücke und sehen nach der Querung des Eppendorfer Weges gegenüber unser Schlemmerziel, die Biokonditorei Eichel. Nach unserem Cafébesuch fahren wir zurück zur U-Bahnstation Christuskirche.

Die Biokonditorei Eichel …

… in der Osterstraße 15 ist einzigartig in Hamburg. Das unscheinbare Äußere täuscht: Dies ist eine allererste Genussadresse! Die Verwendung von ausschließlich biozertifizierten Zutaten ist nur das Tüpfelchen auf dem I des Genusses. Angelockt vom verführerischen Geruch frischer Backwaren, betritt man dieses Café, wo im hinteren Teil sichtbar gearbeitet wird. Auch vegane Genießer werden hier fündig. Vorn befindet sich der Kühltresen, wo die köstlichen Torten erst nach einem Kniefall zu besichtigen sind. Die Entscheidung fällt schwer, weil sich für eine Torte zu entscheiden heißt, alle anderen nicht probieren zu können. Mein persönlicher Favorit ist die Schwarzwälder Kirschtorte, die ein sensationelles Geschmackserlebnis bietet: wunderbar abgeschmeckt mit der Süße der Schokosahne und der Säure der Kirschen, dezent ausgewogene Kirschwasserbeigabe, ein zartknuspriger Boden und ein unvergleichliches »mouth feeling«. Andere wiederum schwärmen von der Rumkugel, normalerweise ein Abfallprodukt der Kuchenherstellung. Auch die trockenen Gebäcke wie die Kekse und besonders die Nussecken sind lecker.

www.biokonditorei-eichel.de
Di–So 11:30–18:00 Uhr

5

Sightseeing mit Sundowner

Eine Tour zu einigen Sehenswürdigkeiten

Leicht	10 km	1–3 Std.

Tourencharakter
Eine leichte innerstädtische Rundtour auf Radwegen und Straßen mit vielen Stopps

Ausgangspunkt
U- und S-Bahn Jungfernstieg

GPS-Daten
53.553062, 9.992947

Endpunkt
U- und S-Bahn Jungfernstieg

Anfahrt
Mit U2, U4, S1, S3 zum Jungfernstieg, Lifte vorhanden

Abkürzung nach der Einkehr
Keine

Erweiterung
Einmal um die Außenalster herum (7,5 km)

Diese innerstädtische Tour ist nur scheinbar kurz, denn wir haben viele Stationen, an denen wir das Fahrrad anschließen und Besichtigungen machen können. Unser Abschluss ist ein Sundowner in einem Café auf einem Steg in der Außenalster.

An Hamburgs Prachtmeile Auf dem Jungfernstieg mit der Binnenalster auf unserer rechten Seite fahren wir gerade zu und biegen am Gänsemarkt mit der Straße halb nach rechts ab. An der Kreuzung mit der Esplanade fahren wir auf die schräg gegenüberliegende Seite.

1. Station: Planten un Blomen Hier befindet sich unser erster möglicher Fahrradstopp: der Park Planten un Blomen. Dieser alte, schöne Park lässt einen noch die Zeit erahnen, als Hamburg eine befestigte Stadt war mit einem Stadtgraben davor. Für einen kleinen Spaziergang müssen wir das Fahrrad allerdings – wenn wir es nicht anschließen – schieben. Vor dem Eingang kann man sehr schön in der Sonne sitzen bei einem Kaffee oder gar schon einem Eisbecher vom Kiosk daneben (sehr gutes

Die Replik von Gustav Mahlers Fahrrad im Museum des Komponistenquartiers

Das Hamburger Rathaus

Eis!). Weiter geht es schließlich den Gorch-Fock-Wall hoch mit dem Park dann rechts von uns. Wir queren die Jungiusstraße und biegen an der nächsten Ampel nach links ab auf den Johannes-Brahmsplatz mit der prachtvollen Laeiszhalle.

2. Station: die Laeiszhalle Es lohnt sich, einen kleinen Blick in die Eingangshalle dieses prachtvollen Baus zu werfen. Danach drehen wir uns um und fahren links des großen Gebäudes auf der gegenüberliegenden Seite in die Straße Pilatuspool. Wir passieren den Enkeplatz und kommen danach zur Peterstraße, wo sich links schön restaurierte Häuser im alten Stil befinden, in denen ein Museum untergebracht ist: Wir sind im Komponistenquartier.

3. Station: das Komponistenquartier Für Musikinteressierte ist ein Besuch des Museums sehr lohnend. Im Museum ist auch eine Replik von Gustavs Mahlers Fahrrad! Am Ende der Peterstraße fahren wir geradeaus auf einem Weg zwischen Häusern weiter und biegen an der folgenden Marcusstraße nach rechts ab zu einem großen Platz, dem Großneumarkt. Mittwochs und samstags wird hier Markt abgehalten. Um den Platz gruppieren sich diverse Kneipen und Restaurants. Mein Favorit ist das

Die Alsterarkaden

Thämers. Wir verlassen den Platz an der gegenüberliegenden Seite an einem Grünstreifen und sind dann gleich an der großen Verkehrsachse Ludwig-Ehrhard-Straße. Rechts können wir eine Fußgängerampel nehmen, die uns zum unübersehbaren Wahrzeichen Hamburgs bringt, der Hauptkirche St. Michaelis.

4. Station: der Hamburger Michel Ein Blick in die Kirche und besonders die Besteigung des Turmes ist fast ein Muss! Nach der Besichtigung fahren wir ein bisschen weiter die Englische Planke hinab und können auf einer Bank im Park in die Runde gucken. Über eine gewundene Rampe umgehen wir die Treppen und biegen unten rechts in die Ditmar-Koel-Straße ein, die uns durch das Portugiesenviertel zur Elbe bringt. Am Ende leitet uns eine Fußgängerampel hinüber zur großen Kaiuferpromenade, auf der wir auch fahren dürfen.

5. Station: St. Pauli Landungsbrücken Unser Fahrstil hängt dann davon ab, wie viele Spaziergänger auf dieser wirklich sehr breiten Promenade unterwegs sind. Vorher wäre natürlich Gelegenheit, einmal über eine der Brücken hinüber auf die Pontons der St. Pauli Landungsbrücken zu schieben, um das muntere Treiben der Hafenfähren und der Rundfahrtbarkassen zu beobachten. Zurück auf der Promenade fahren wir bis zur Niederbaumbrücke, rollen über diese hinüber, biegen danach einmal nach rechts ab und stehen dann auf dem Vorplatz der Elbphilharmonie.

6. Station: Elbphilharmonie und historische Speicherstadt Wirklich, wirklich lohnend ist es, hier die Fahrräder anzuschließen und mit der Tube genannten, langen Rolltreppe auf die Plaza in halber Höhe zu fahren: Dort hat man eine fantastische Aussicht. Der kostenlose Zugang ist jedoch limitiert: Man muss eventuell ein bisschen warten! Radfahrer mit wenig Zeit haben sich schon vorher gegen Gebühr im Internet einen Timeslot gekauft. Danach fahren wir über den Vorplatz hinunter zur Kaikante und setzen unsere Tour am Grasbrookhafen fort. Am Ende geht es an den Marco-Polo-Terrassen rechts herum hoch auf Straßenniveau und weiter bis zur Wasserkante mit Blick auf die gegenüberliegende Hafenindustrie und das Treiben auf dem Wasser. Dann machen wir kehrt, fahren die Straße Großer Grasbrook durch bis zur breiten Fußgängerbrücke, auf der auch wir fahren dürfen. Bei der Überquerung des Brooksfleets und des Zollkanals muss man hier aus der erhöhten Position einfach Fotos schießen! Drüben fahren wir links auf der Kaikante und haben weiterhin schöne Ausblicke. An der nächsten Möglichkeit wechseln wir die Straßenseite, überqueren das Nicolaifleet und biegen gleich danach in die Deichstraße ein. In der Deichstraße ist das letzte erhaltene Ensemble althamburgischer Bürgerhäuser.

7. Station: die Ruine der Nicolaikirche Am Ende der Deichstraße überqueren wir wieder die Ludwig-Ehrhard-Straße und treffen dann gleich rechts auf die Ruine der Nicolaikirche, die in den Bombennächten des letzten Krieges zerstört worden ist. Man kann mit einem Fahrstuhl im Turm, der bei seiner Erbauung 1874 der höchste der Welt war, eine Aussichtsplattform erklimmen. Wir setzen an der gegenüberliegenden Seite der Ruine nach links fort und überqueren das Nicolaifleet auf der Trostbrücke. Die nächste Straße nach links und die zweite nach rechts führen uns dann zum Rathausmarkt.

8. Station: der Rathausmarkt Das Rathaus, erbaut zwischen 1886 und 1897 im historischen Stil der Neorenaissance, ist eine imposante Erscheinung. Auf der anderen Seite des Platzes sind die Alsterschleuse und die Alsterarkaden: ein

TIPP

Mit dem Fahrstuhl auf den Turm der Michaeliskirche oder auch der Nicolaikirche zu fahren ist für jeden Hamburger und Hamburg-Besucher fast ein Muss! Der Turm des Michels ist im Sommer täglich von 9 bis 20 Uhr zu besteigen, im Winter etwas eingeschränkte Zeiten. Der Turm der St.-Nicolaikirche ist geöffnet von 10 bis 18 Uhr, im Winter nur bis 17 Uhr.

echter Blickfang. Die Sichtachse geht in das Alsterfleet hinein und zur anderen Seite zur Binnenalster mit dem Jungfernstieg. Ob wir nun links durch die Arkaden schieben oder auf dem Rad durch die Straße Plan zur Binnenalster kommen, bleibt uns überlassen. Unsere Tour zum Sundowner führt uns nun rechts der Binnenalster am Ballindamm entlang, überquert noch den Glockengießerwall, unterquert die Bahngleise und lässt uns auf der Höhe des Hotels Atlantik auf die ander Straßenseite zur Außenalster wechseln.

9. Station: Sundowner an der Außenalster Jetzt sind es nur noch wenige Meter nach rechts zu unserem Ziel, dem Bootsverleih

Die Rickmer Rickmers an den Landungsbrücken

und Bar-Café Barca mit seinem Sonnensteg: ein wunderschöner Platz mit Blick über die Wasserfläche der Außenalster; ideal, um unsere Tour ausklingen zu lassen. An Getränken wird alles geboten, was es dafür braucht. Zum Essen gibt es allerdings nur ein schmales Snackangebot. Wer noch nicht genug vom Radeln hat, kann jetzt einmal die Alster umrunden: Das ist ganz leicht, weil sie ja immer im Blickfeld ist. Und sollte Sie jetzt ein größerer Hunger plagen: rund um die Alster finden sich viele Möglichkeiten, diesen zu stillen. Für den Schluss unserer Tour fahren wir vom Barca den gleichen Weg über den Ballindamm zurück und finden am Jungfernstieg dann unsere Schnellbahnstation.

Das Barca …

… ist eines von vielen Stegcafés rund um die Außenalster. Hier kann man auch Tretboote mieten. Ich habe es ausgesucht, weil ich da schon so oft gut gesessen habe und freundlich bedient wurde. Als Speisen gibt es allerdings nur ein schmales Angebot an Snacks. Dort an der Wasserkante mit einem Aperol Spritz zu sitzen und die Sonne zu genießen oder gar auf den Sonnenuntergang zu warten, ist einfach herrlich. Und so geht es vielen dort: Hier die Gäste, die sich auf einen Schwatz treffen, dort der Officetyp, der nach dem Dienst einfach lesend mit einem guten Buch die Spannung des Tages abwirft, oder auch die Studenten, die hier – wie man so sagt – abhängen. Enten und Schwäne ziehen vorbei, dann wieder Stand-up-Paddler oder Tretbootfahrer: Der Alltag bleibt draußen.

www.barca-hamburg.de
Im Winter eingeschränkte Öffnungszeiten

6 Feierabendtour

Zu einem gemütlichen Biergarten

Leicht | 8/12 km | 1 Std.

Tourencharakter
Eine sehr leichte, kurze Tour auf Radwegen

Ausgangspunkt
Hauptbahnhof

GPS-Daten
53.553403, 10.006431

Endpunkt
U- und S-Bahnhof Landungsbrücken, Lifte vorhanden

Anfahrt
Mit allen Schnellbahnen zum Hauptbahnhof, Lifte vorhanden

Rückfahrt nach der Einkehr
Mo–Fr vom Anleger Ernst-August-Schleuse mit der Fähre 73, Sa, So durch den Alten Elbtunnel

Diese kurze Tour bringt uns vom Hauptbahnhof nach 7 Kilometern zu einem idyllischen Biergarten am Ernst-August-Kanal in Wilhelmsburg. An einem Werktag ist dann die stimmungsvolle Rückfahrt mit der Fährlinie 73 ein unvergessliches Highlight!

Am Oberhafenkanal Wir starten unsere Feierabendtour am Hauptbahnhof, vorzugsweise zwei bis drei Stunden vor Sonnenuntergang. Wir fahren am Ausgang Glockengießerwall nach links hinunter und landen an der gigantischen Kreuzung mit den dahinter liegenden Deichtorhallen. Hinter den Hallen rollen wir auf dem schönen Radweg auf der Kaikante des Oberhafenkanals. Nach 2 Kilometern nehmen wir die Auffahrt zur Norderelbbrücke und queren die Elbe auf einem schmalen Radweg.

Über die Norderelbe zur Veddel Wir sind jetzt abgetrennt von der Fahrbahn, aber nicht von der tosenden Lärmschleppe des

Feierabendverkehrs. Wir landen dann auf der Elbinsel Veddel, überqueren den vor uns liegenden Platz und fahren gegenüber – den Radwegweisern folgend – in die Straße Sieldeich und später nach rechts in die Veddeler Brückenstraße. Wir passieren das schlichte Etagenhaus mit der vergoldeten Fassade: eine kontrovers diskutierte Kunstaktion, die sich als prima PR-Maßnahme

Die Cap San Diego an den Landungsbrücken

für diesen kleinen, vernachlässigten Stadtteil erwiesen hat. Vor dem Bahnhof knicken wir nach links ab, queren eine Brücke und eine geschäftige Kreuzung an den Fußgängerampeln und kommen so in die Ruhe des breiten Radwegs Loop, der durch ganz Wilhelmsburg führt.

Auf dem Radweg Loop Die Schnellstraße verlässt uns. Dafür gesellt sich der Ernst-August-Kanal zu uns. An der ersten Brücke wechseln wir die Uferseite und haben dann nur noch wenige Meter zum Ziel. Dies ist halt eine kurze Radtour! Der Weg in den Biergarten führt hinunter zum Ufer des Kanals.

Am Spreehafen Unsere Rückfahrt kann – sofern wir werktags unterwegs sind – ganz stimmungsvoll werden. Wir fahren aus dem Biergarten hinaus auf Straßenniveau und nach rechts über eine Brücke und an der nächsten Querstraße nach rechts ebenfalls über eine Brücke. An der Einmündung zur Harburger Chaussee könnten wir gegenüber auf die Wasserseite des Deiches nach links wechseln. Ein schöner Weg, der uns zur

Ernst-August-Schleuse führt. Hier können wir einen schönen Blick zurück auf den Spreehafen werfen. Am Ende treffen wir auf die Klütjenfelderstraße, wo wir 70 Meter nach rechts fahren und links den versteckten Weg zum Anleger Ernst-August-Schleuse hinunterfahren. Die Fähre 73 bringt uns in einer herrlichen Wasserfahrt zu den Landungsbrücken, wo wir in die U- oder S-Bahn steigen können.

Die Elbphilharmonie

Alternativen In Stunden mit sehr hohem Hochwasserpegel kann das Schiff die letzte Brücke nicht passieren. Dann müssen wir die Klütjenfelder Straße weiter hoch auf die Argentinienbrücke fahren, dort links hinunter und direkt am Fuß der Brücke einen U-Turn zum Anleger Argentinienbrücke machen (1 km). Wenn es Wochenende ist, fährt die Fähre leider überhaupt nicht. Dann rollen wir nach der Brücke geradeaus und dann halb rechts auf dem Reiherdamm und seiner Verlängerung, der uns zum Alten Elbtunnel bringt, nach dessen Durchquerung wir ebenfalls an den Landungsbrücken ankommen.

Zum Anleger …

… ist ein Biergarten in Wilhelmsburg am Ufer des Ernst-August-Kanals. Das große Gartenareal hat viele Plätze. Besonders schön sitzt man auf dem langen Ponton an der Wasserkante. Hier kann man auch Tretboote und Kanus ausleihen. In den Hütten wird ein rustikales Speisenangebot vorbereitet: die übliche Imbisskost wie Bratwurst, Currywurst, Burger, Nackensteak, Salate, Flammkuchen und ähnliches. Das Bier ist frisch gezapft und schmeckt hier an der frischen Luft in der friedlichen Stimmung des Gartens einfach herrlich. Man guckt entspannt auf das gegenüberliegende grüne Ufer: Ab und zu schnurrt ein Bötchen vorbei, ein Kajakfahrer gleitet lautlos durchs Wasser, Stand-up-Paddler machen ihre ersten Erfahrungen auf dem ruhigen Wasser. Ein herrlicher Ort, um sich mit Freunden zu einem Bier und einem Imbiss zu treffen.

www.zum-anleger.de · März–Okt. Mo–Sa ab 11:30, So ab 10:00 Uhr

7 Von der Dove Elbe zum Hafen

Zur kultigen Fischgaststätte

Leicht | 24 km | 2,5 Std.

Tourencharakter
Leichte Tour auf festen Wegen und (Deich-)Straßen

Ausgangspunkt
S-Bahn Mittlerer Landweg

GPS-Daten
53.497472, 10.132162

Endpunkt
Hauptbahnhof, alle Schnellbahnen, Lifte vorhanden

Anfahrt
Mit der S21 zum Mittleren Landweg, Lift vorhanden

Abkürzung nach der Einkehr
S-Bahn Veddel (800 m, entlang der Bahngleise nach links)

Wir staunen über idyllische Ufer an großen Wasserflächen und Naturschutzgebiete und landen auf der Veddel in der beliebten Fischgaststätte. Der Rückweg durch die Hafencity schließt unsere Tour ab.

Auf dem Mittleren Landweg zur Dove Elbe Am Ausgang des S-Bahnhofs Mittlerer Landweg fahren wir nach rechts immer geradeaus hinunter – auch wenn die Hauptstraßenführung irgendwann nach rechts geht, sogar noch in die finale Sackgasse hinein. Ein Radweg führt hoch zur Brücke und über die Autobahn zum Moorfleeter Deich rechter Hand. Nach wenigen Metern beim Parkplatzschild geht es links in den Uferpark. An einem Wegestern führt uns der mittlere Weg geradeaus und später nach halb rechts bis zur Uferkante, wo wir uns nach links wenden.

Das Naturidyll Dove Elbe und seine Ufer Nach dem kleinen Jachthafen kommen wir hoch zum Allermöher Deich und fol-

gen ihm. Vorbei an der schmucken Fachwerkkirche fahren wir nach rechts auf die Brücke über die Dove Elbe mit einem wunderbaren Blick auf die großen Wasser- und Uferflächen. Hinter der Brücke nach rechts und bei der nächsten Gelegenheit wieder nach rechts geht es auf den Reitdeich. Von der Höhe der Deichstraßen hat man wunderbare Ausblicke in diese besondere Landschaft. Wenn der Reitdeich stark nach links abknickt, fahren wir hinunter auf den schönen Fußweg am Wasser um die Mündungsspitze der Gose Elbe in die Dove Elbe.

Saftige Weiden in den Vier- und Marschlanden

Auf einer Deichstraße durch Landgemeinden Am Ende des Weges geht es rechts über die aufgelassene Schleuse und wieder nach rechts auf den Ochsenwerder Norderdeich, dem wir sehr lange folgen. An der Tatenberger Schleuse biegen wir hinter der Brücke nach links in den Moorfleeter Hauptdeich, der uns zur ehemaligen Insel Kaltehofe mit ihrer historischen Wasseraufbereitungsanlage bringt.

Die Stille auf Kaltehofe Hier können wir unbeschwert radeln, denn der Weg ist nach wenigen Hundert Metern für den Motorverkehr gesperrt. In den Bäumen nistet eine große Kolonie Kormorane. Nach einer Weile sehen wir rechts die stillen Wasserbecken der ehemaligen Elbwasseraufbereitungsanlage, die heute ein Industriedenkmal sind. Die kleinen Bauten erinnern an die Speicherstadt. In der Mitte liegt die Villa Wasserkunst mit ihrem Café.

Blick auf Entenwerder vom Sperrwerk an der Billwerder Bucht

Die ehemalige Insel Entenwerder Links hinter dem Sperrwerk, das die Billwerder Bucht vor Hochwasser schützt, kommt die ehemalige Insel Entenwerder, die jetzt ein beliebter Park ist. Hier ist ein kultiges Café auf einem Anleger. Am Ende des Parks führt ein Brückchen auf den Weg zu den vor uns liegenden Norderelbbrücken. (Eine direkte Brückenverbindung zur Hafencity am Ende des Entenwerderparks ist bereits in Bau.) Ein angeschmiegter Parcours führt unter der ersten Brücke hindurch und hoch zur Brückenauffahrt, wo wir jetzt die Elbe queren können.

Auf der Insel Veddel Die Veddel ist eine kleine, dicht bebaute Insel, umgeben von Hafenindustrie und Hafenbecken. Hinter der

TIPP

Auf der Insel Kaltehofe im Industriedenkmal Wasserkunst gibt es einen frei zugänglichen Natur-Erlebnis-Pfad mit Infotafeln.

Auf der Freihafenelbbrücke

Brücke kommen wir gleich auf einen großen Platz. Neben verfallenden Zollabfertigungsgebäuden und den provisorischen Containern einer Schule liegt da zurzeit nur noch die Veddeler Fischgaststätte, unser heutiges Schlemmerziel.

Routenalternative Die Grundsanierung der Freihafenelbbrücke wird immer wieder verschoben. Es soll dann aber eine eine temporäre Fußgängerpassage geben, die aber nur 1,30 m breit sein wird. Wer für die Weiterfahrt diesen Weg nicht wagen will, fährt auf der Brücke des Hinwegs zurück und biegt dann noch vor dem Oberhafenkanal nach rechts zur Zweibrückenstraße in die Unterführung ab.

Durch die Hafencity Nach der Pause fahren wir am Platz unter den Bahngleisen hindurch, halten uns rechts und überqueren wieder die Norderelbe auf der Freihafenelbbrücke auf einem Radweg auf der linken Seite. Wir passieren die neu gebauten U- und S-Bahnstationen Elbbrücken, die in ihren Bedachungen die Konstruktion der Elbbrücken wieder aufnehmen: eine technische Sehenswürdigkeit. Jetzt im Ostteil der Hafencity biegen wir nach der Kurve links ein in die Baakenwerder Straße und dann rechts zur Promenade am Baakenhafen hinunter, an der Wasserkante entlang zum Baakenpark. Dort gibt es eine begrünte Pyramide, die von oben eine schöne Übersicht bietet.

Durch den Lohsepark zum Oberhafen Weiter am Hafenbeckenrand entlang fahren wir zur Fußgängerbrücke auf die andere Seite. Links herum an der Kaikante unter Kränen hindurch geht es hinter der Baakenhafenbrücke zu einer verschlungenen Rampe aufwärts auf Straßenniveau. Oben angekommen, fahren wir gegenüber durch den kleinen Lohsepark mit seiner Gedenkstätte. An dessen Ende an der Stockmeyerstraße biegen wir rechts ab zur sehenswerten Oberhafenbrücke: oben fahren die ICE und unten die Lkw. An der Ecke der Brücke liegt – schief in ihrem Fundament – die Oberhafenkantine. Rechts geht es in die Sackgasse des Kreativ und Kulturquartiers Oberhafen und dem Restaurant Hobenköök. Nach der Querung der Brücke kommen wir hinter den Deichtorhallen aufwärts zurück zum Hauptbahnhof.

Die Veddeler Fischgaststätte ...

... liegt wie das Abbild eines Modellbausatzes der Firma Faller einsam auf dem großen Platz in der Veddel. Dieses deutsche Pendant eines englischen Fish-and-Chips-Lokals hat den Charme eines Schrebergartenvereinsheims mit dazugehörigem Garten – jetzt vorsichtig neugestaltet im Stil eines Strandimbisses. Die kultige, fast 90-jährige Gaststätte rühmt sich für ihren 50er-Jahre-Stil und Hamburgs kleinster Speisekarte. Es gibt Scholle, Fischfrikadellen, Heringe und Fischfilets und zwei Beilagen sowie zwei Salate: das ist alles! Wenn man das will, ist man hier wirklich an einer ersten Adresse: preiswert, schnell, superfrisch, knusprig, schnörkellos, lecker! Dafür nimmt man dann gern das Getöse der Containersattelschlepper in Kauf, die hier um den Platz röhren auf dem Weg vom oder zum Hafengebiet. Die geparkten Nobelautos auch von außerhalb Hamburgs zeugen von der Beliebtheit der Gaststätte. Gott sei Dank haben die Bürgerproteste und die Berichterstattung in den Medien dafür gesorgt, dass die Fischgaststätte an ihrem Standort bleiben kann: so bleibt uns dieses kultige Original erhalten.

www.veddeler-fischgaststaette.de
Mo–Fr 11–17:45 Uhr

8 Fernweh inklusive

Auf grünen Wegen zum Café Himmelsschreiber

Leicht | 24 km | 2,5 Std.

Tourencharakter
Leichte Tour auf Park-, Wald- und Kleingartenwegen, sehr wenige Straßen

Ausgangspunkt
U- und S-Bahn Jungfernstieg

GPS-Daten
53.553033, 9.993025

Endpunkt
S-Bahn Stellingen, Lift vorhanden

Anfahrt
Mit U2, S1, S3 zur Station Jungfernstieg, Lift vorhanden

Abkürzung nach der Einkehr
U2 Niendorf Markt (5 km)

Wir fahren von der Innenstadt nach Norden zu einem besonderen Ort: Am Geschäftsfliegerterminal kommen wir fast hautnah an die Flieger und ihr Personal heran. Ein Ort, den Planespotter lieben. Und dieses Mal ist nicht die Alster unsere Richtschnur.

In die Villenviertel Wir verlassen den Schnellbahnknoten Jungfernstieg und passieren die Binnenalster auf ihrer linken Seite, am Hotel Vier Jahreszeiten vorbei. Vor der großen Doppelkreuzung fahren wir rechts in den Uferpark zu einer Unterführung der beiden Brücken und dann anschließend die Straße Alsterufer bis zum Kreisel hoch, wo es rechts zur Krugkoppelbrücke geht. Die Straße ist jetzt Fahrradstraße. Wir haben die Wahl, zügig auf der Straße zu fahren oder – wenn wenig Spaziergänger unterwegs sind – auf dem schönen Uferweg. Auf der Krugkoppelbrücke genießen wir einen der schönsten Ausblicke unserer Stadt über die Wasserflächen der Außenalster mit der

Skyline der City. Nicht minder schön ist der Ausblick von der nächsten Brücke, der Fernsichtbrücke! Direkt dahinter fahren wir links hinein in das Villenviertel der Straße Bellevue. Wir überqueren den Goldbekkanal, den wir später wieder treffen, kommen ins Halbrund der Straße Rondeel, wo die Stadtvillen den Blick auf den hübschen, kreisrunden Rondeelteich verstellen. In der Straße alte, mächtige Straßenbäume – wie so oft im grünen Hamburg.

Baumallee am Damwildgehege

Blick von der Krugkoppelbrücke nach Norden

Am Goldbekkanal An der Sierichstraße angekommen, fahren wir gegenüber in den Krohnskamp, an der nächsten großen Kreuzung halb rechts in den Possmoorweg und biegen vor der kommenden Brücke links ein in die Parkwege am Goldbekkanal. Wir folgen dem Uferweg über die Barmbeker Straße hinüber (Vorsicht!) und queren den Wiesendamm zum Wiesenstieg, der unter der U-Bahn hindurchführt zu einem Weg am linken Rand eines Kleingartengebiets.

Im Stadtpark Wenn wir den Südring überquert haben, sind wir im Stadtpark angekommen mit schönen Ausblicken. Wir fahren geradeaus auf dem breiten, geteerten Weg, der später eine sanfte Linkskurve beschreibt. Nach dem Ende der Asphaltierung nehmen wir den nächsten Weg rechts, wo Freilichtbühne und Manilaweg ausgeschildert sind, und unmittelbar danach den zweiten – bei der Laterne – links: Er führt uns zum Nordende des Parks und zur Torontobrücke hinüber in die City Nord, einem Büroviertel.

Knorrige Bäume in der Straße Rondeel

Auf einem Radweg durch die City Nord Hinter der Brücke folgen wir dem Weg mit seinen kleinen Verschwenkungen immer geradeaus, dann wieder über eine Brücke zur Unterführung der U-Bahnstation Sengelmannstraße. Dahinter fahren wir noch durch den Maiglöckchenweg, um am Heilholtkamp nach rechts und an der Sengelmannstraße nach links zu schwenken – auf der linken Straßenseite.

An der Alster und durch Kleingärten Vor der Alsterbrücke fahren wir links hinunter auf den Uferweg und wechseln dann an der nächsten Brücke die Uferseite für ein schönes Parkstück. An der folgenden Dammbrücke fahren wir hinauf zum Alsterdorfer Damm, halten uns rechts und überqueren die Alsterkrugchaussee auf der linken Seite. Bis zur Kurve folgen wir der Sportallee und tauchen danach wieder ein in ein riesiges Kleingartengebiet. Unser Weg ist jetzt Teil des grünen Ringes und hat sowohl die weiß-roten Radwegzeichen als auch die grünen Aufkleber mit der Nummer 11. Die Schilder lotsen uns durch die Kleingärten zuerst nach links, dann nach rechts und im weiteren Verlauf mit einigen Verschwenkungen immer geradeaus, bis wir beim Weg Beim Jäger landen.

Am Flughafengelände Hier fahren wir gegenüber auf dem Radweg nach rechts, noch über den zugangsbeschränkten Eingang zu Lufthansa Technik hinüber und kommen an der linken Seite zu einer Straße, die von Zäunen begrenzt wird und zum Geschäftsflieger-Terminal führt: quasi eine Exklave im Sicherheitsbereich.

Hier ist unser Café mit seiner Terrasse mit den Strandkörben und bequemen Korbmöbeln. Wir sind jetzt hautnah an den Flugzeugen und den Servicefahrzeugen. Nur der Zaun trennt uns!

Auf dem Grünen Ring ins Niendorfer Gehege Jetzt fahren wir zurück auf der Straße Weg Am Jäger und folgen nun weiter den Radwegzeichen – zuerst durch ein Waldstück nach rechts und

Das Alstercabrio

dann wirklich sehr verschlungen durch weitere Kleingartengebiete. Man kann den Radwegzeichen vertrauen! Am Ende kommen wir auf einen breiten Weg am Zaun des Flugfelds entlang, der uns zur westlichen Spitze des Geländes führt. Dort fahren wir kurz nach rechts in den Vogt-Cordes-Damm und danach nach links in die Straße Sootbörn. Wir landen an der großen Kreuzung Niendorf Markt. Wer jetzt zeitlich knapp ist, kann hier in die U-Bahn steigen. Alle anderen haben noch 6 vielfältige Kilometer vor sich. Gegenüber der Kreuzung geht rechts von der hübschen Rundkirche ein Weg ins Niendorfer Gehege. Wir halten uns an den ersten zwei Wegeteilungen immer rechts, folgen dem Weg geradeaus und nehmen an der Wegeteilung kurz vor der querenden Straße Bondenwald den linken Zweig. Dieser führt zu einer großen Lichtung mit einer Wiese, die wir schräg durchfahren, um dann unsere Fahrt auf der schönen Baumallee am nördlichen Rand des Damwildgeheges fortzusetzen. Bis zum Ende unserer Tour sind wir jetzt auf dem Grünen Ring. Wir fahren immer geradeaus, auch über die Straße Niendorfer Gehege, und kommen später zu einem Brückchen über die Kollau, wo unser Weg scharf nach links entlang des Baches weitergeht.

Von Niendorf nach Stellingen Wir überqueren erneut die Straße Niendorfer Gehege, rollen gegenüber weiter und nehmen den ersten Weg nach rechts, der uns später – etwas nach rechts versetzt – zur Überführung über den Deckel der Autobahn mit seinem neuen Park bringt, links von den Gleisen der Güterum-

Die Alster in Alsterdorf

gehungsbahn. Drüben angekommen, fahren wir rechts und mit der Radwegweisung die Erste links in den Sola-Bona-Park. Vorsicht beim Überqueren der Kieler Straße! Gegenüber geht unser Weg an einem Bach weiter und führt an der nächsten Straße links unter den Gleisen hindurch und dann gleich wieder links in Kleingärten. Der versteckte Pfad schlängelt sich an einem Weiher vorbei, überquert etwas links versetzt den Kronsaalsweg und später nach rechts versetzt die Straße Wittenmoor. Zwischen der Bebauung landen wir am Ende unter der Brücke der Autobahn, überqueren an der Kreuzung den Binsbarg und sind dann gleich am Vorplatz der S-Bahnstation Stellingen.

Das Café Himmelschreiber ...

... liegt in einer Exklave gleich am kleinen Geschäftsfliegerterminal und wird betrieben vom Privatcharterer Air Hamburg: ein moderner, lichter Bau mit neuer Einrichtung und einer umzäunten Terrasse mit direktem Blick aufs Rollfeld der Privatflieger: ein El Dorado für Flugzeugbegeisterte wie mich! Drinnen und draußen eine Mischung aus Stammgästen, Planespottern, Radfahrern und dem einen oder anderen Flugkapitän. Das Speisenangebot ist konventionell, aber von sehr guter Qualität. Bei meinem Besuch bestellte ich wie häufig den Testfall Salat, der viel über die Küche aussagt. Hier hat er den Test mit Bravour bestanden. Auch der Kaffee war sehr gut. Ich schaute durch die Küchenklappe und sah, dass dort Teig gerührt wurde, u. a. für

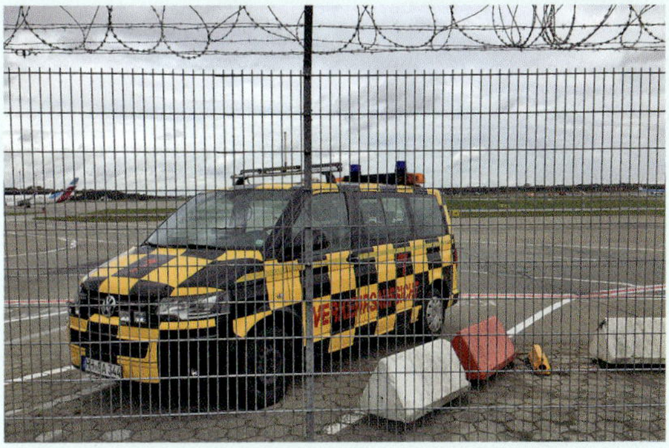

eine Weinschaumcremetorte: Hier wird also noch selbst gebacken! Ich bedauerte meine zu frühe Ankunft und nahm mir vor, noch einmal an einem Nachmittag nicht nur wegen der Flugzeuge vorbeizuschauen.

www.cafe-himmelsschreiber.de
tägl. 10–21 Uhr

Im Süden

Schmuckstück Außenmühlenteich in Harburg (o. li.); Eingang zum Freilichtmuseum Am Kiekeberg (o. re.); Blick von der Außenterrasse des Restaurants Lieblingsplatz (u. re); der Garten des Cafés Schafstall in Wörme (u. li.).

9

Wo Hamburg Berge hat

Zum Freilichtmuseum Kiekeberg

Mittel | 18 km | 2 Std.

Tourencharakter
Mittelschwere Tour auf Park- und Waldwegen und sehr wenigen Straßen

Ausgangspunkt
S-Bahnstation Harburg Rathaus

GPS-Daten
53.460635, 9.980258

Endpunkt
S-Bahnstation Neugraben

Anfahrt
Mit S3, S31 zum Bahnhof Harburg Rathaus, Lift vorhanden

Abkürzung nach der Einkehr
Keine

Auf dieser kurzen, aber schönen Tour lernen wir kennen, was die Hamburger Berge nennen, und speisen in historischem Ambiente.

Durch Harburgs grüne Seite An der S-Bahnstation Harburg Rathaus verlassen wir den Bahnsteig mit dem Aufzug zu einer Unterführung. Nach rechts heraus am Rathaus vorbei gelangen wir schon bald links neben der St. Johanniskirche ins Grüne. Dort geht ein Weg den Geesthang hoch, der uns in einen alten, aufgelassenen Friedhof bringt mit alten Grabstellen, geschmückt mit monumentalen Statuen: Das reizt zu einer Fotosession.

Am idyllischen Außenmühlenteich Wir halten uns rechts an der Geestkante, bis der Weg nach links abknickt und an einer Einmündung nach rechts aus diesem Parkfriedhof wieder herausführt. Halb links rollen wir auf einer Brücke über die Schnellstraßenschlucht. Jenseits der Brücke fahren wir nach rechts und sofort wieder links auf dem gewundenen Weg hinunter zum Außenmühlenteich. Der Teich mit dem Park, der sich an die Geestkante anschmiegt, ist ein landschaftliches Kleinod, das wir rechts herum durchfahren. Wir halten uns immer an die Was-

Der Schulteich in Marmsdorf

serkante, überqueren auf einem Bohlenweg eine feuchte Bucht, fahren bei kleineren Teichen immer noch nah der Wasserkante und später nach dem Dazukommen des Nymphenwegs nach rechts. So kommen wir – später entlang des Schulteichgrabens – aus diesem schönen Park heraus in den Langenbeker Weg. Dort fahren wir nach rechts und biegen – ohne die lange Rechtskurve der Straße mitzumachen – links in die Verlängerung des Langenbeker Weges ein, der uns zum Schulteich bringt. Jetzt sind wir in dörflichen Strukturen mit vielen alten Häusern und Fachwerk.

In die Berge Gegenüber vom Teich folgen wir dem Appelbüttler Weg nach links. Nur sehr kurz über Kopfsteinpflaster bringt uns dieser lange Weg hinaus in ein schönes Tal gesäumt von Hängen. Am Ende steigt der Weg an, lässt uns dann die Bremer Straße überqueren und führt geradeaus weiter als Vahrendorfer Stadtweg zu einer Brücke über die Autobahn in ein Waldstück hinein. Wir erreichen dann die Straße Eissendorfer Waldweg, wo wir nach rechts auf den Radweg einbiegen. Nach 1,3 Kilometern sehen wir links die großen Parkflächen, die dem Freilichtmuseum Am Kiekeberg vorgelagert sind.

Ein Gang durch bäuerliche Geschichte Das Museum ist wirklich einen Besuch wert und die Kürze der Tour erlaubt es auch, hier jetzt einen Rundgang zu machen. Unser Schlemmerziel ist die Gaststätte Stoof Mudders Kroog auf dem Museumsgelände. Nach der Einkehr haben wir dann noch 8 interessante Kilometer vor uns.

In die Fischbeker Heide Vor dem Museumsausgang geht links ein gerader Weg ab, der uns bis zum Parkplatz des Wildparks

TIPP

Radfahrer mit viel Zeit und Lust können nach dem Museum auch noch den Wildpark Schwarze Berge besuchen: ein schönes Erlebnis, besonders auch für mitfahrende Kinder. Der Wildpark ist ganzjährig geöffnet (Sommer 8–18, Winter 9–16:30 Uhr).

Schwarze Berge führt. Hier biegen wir nach links ab und am Parkplatzrand gleich wieder nach rechts, wo Neugraben ausgeschildert ist. Wir sind jetzt auf einem breiten, festen Sandweg, der zu unserer Freude stetig abwärts durch einen Wald führt – später am rechten Rand einer großen Lichtung. Der Weg endet an der Kehre des Falkenbergwegs. Wer jetzt müde ist, kann auf dieser langen Straße einfach zum Ende fahren und an der Hauptstraße links zur S-Bahnstation. Wir aber fahren an der Kehre nach links – mit dem Radwegzeichen – leider aufwärts. Aber es lohnt sich! Kurz vor der Kuppe vereint sich unser Weg mit einem anderen Weg und führt zu interessanten Hügelgrä-

Hügelgräber im Staatsforst Rosengarten

bern. Danach geht es geradeaus wieder abwärts und an einer folgenden Wegkreuzung nach rechts in den Fischbeker Heideweg: Wir folgen den Wegweisern. Hier müssen wir auf das eine oder andere Schlagloch im Weg achten. Später kommen wir auf Asphalt mit Bebauung rechter Hand. Nach kurzer Zeit führt uns der Radwegweiser zum letzten Schmankerl halb links in ein Heidegebiet, an dessen rechtem, oberem Rand wir Richtung Neugraben fahren. Wir schauen hinunter in die »Abgründe« einer ehemaligen riesigen Kiesgrube. Bei den ersten Häusern verlassen wir, uns halb rechts haltend, diese Landschaft und fahren die Thiemannstraße herunter, biegen an der Einmündung rechts in den Scheideholzweg ein und dann links in die Straße Bauernweide. Nachdem wir die Kreuzung mit der B73 überquert haben, liegt die S-Bahnstation Neugraben vor uns.

Stoof Mudders Kroog ...

... ist ein Restaurant in einem historischen Gebäude im Freilichtmuseum. Außen sitzt man urgemütlich in einem Bauerngarten unter Bäumen auf altmodischen Drahtklappstühlen. Bei schönem Wetter gibt es nichts Besseres. Auch innen hat es die alte Anmutung, behutsam modernisiert: sehr schön gestaltet! Die Website verrät schon: norddeutsche Bratkartoffelküche. Das könnte sehr deftig und erschreckend fettig werden. Nun: Deftig wurde es bei meinem Besuch, und die Bratkartoffeln waren lecker, kross und gar nicht fettig. Ich hatte in Erinnerung an meine Kindheit eine Grützwurst mit Rosinen gewählt. Der Geschmack war fein – so, wie es sich gehört. Mit dem Beilagensalat war es ein schönes Essen; dazu Fassbrause: auch ein Getränk aus alten Zeiten! Wer deftige norddeutsche Küche mag, kann hier prima einkehren. Einziger Wermutstropfen: Man muss 9 Euro Eintritt zahlen für das Museum (was sich lohnt!). Wer lediglich Lust auf Kaffee und Kuchen hat, kann – vor dem Eingang stehend - nach links den Weg ein paar Meter hoch zum Café Wegewitz nehmen– dann ohne Eintritt. (Die-So 10–18 Uhr)

www.stoof-mudders-kroog.de
Di–So 12–18, Fr + Sa 10–20 Uhr

10 In die Heide

Schlemmen im Lieblingsplatz und im Schafstall

Mitel | 43 km | 4–5 Std.

Tourencharakter
Mittelschwere Tour, anfangs mit Hügeln, auf einsamen Wirtschaftswegen und auf Radwegen an Straßen

Ausgangspunkt
S-Bahnstation Harburg

GPS-Daten
53.456710, 9.993746

Endpunkt
RB Wörme oder Sprötze, Fahrradtageskarte ist erforderlich.

Anfahrt
Mit S3, S31 zum Bahnhof Harburg, Lift vorhanden

Abkürzung
Nach der Einkehr im Lieblingsplatz: durch Helmstorf in westlicher Richtung zum Bahnhof in Klecken (ca. 5 km)
Nach der Einkehr im Schafstall: direkt am Eingang des Büsenbachtals ist der Bahnhof Wörme

Durch Berg und Wald kommen wir zu einem frühen Mittagessen (15 km) und setzen dann auf ruhigen Wegen im Tal der Seeve fort bis Wörme am Rande des Büsenbachtals. Nach einer Stärkung mit Kaffee und Kuchen im Café Schafstall durchqueren wir das Heidetal und erreichen Sprötze.

Von der Marsch in die Geest Wir starten am S-Bahnhof Harburg und verlassen den Bahnsteig – aus Hamburg kommend – am hinteren Ende mit dem Lift. Am vor uns liegenden großen Platz fahren wir rechts herum hinauf zur Kreuzung und biegen nach links ab in die Hörstener Straße. Bei einer Straßenteilung fahren wir rechts und sind dann bald im Grünen. Ein Rechts-links-Knick unter einer alten Bahnbrücke bringt uns zum Kanz-

Im Büsenbachtal

lershof parallel zum Seevekanal und den Bahngleisen. An der ersten Möglichkeit nach rechts geht es über eine Brücke und unter den Gleisen plötzlich in die Berge: Hier ist der Geestrand der Harburger Berge in seinem östlichsten Ausläufer! Wir fahren links den Achterkamp hoch, an der Einmündung links und später rechts in die Vogteistraße. An der folgenden Kreuzung biegen wir links ein und gleich darauf wieder links: Dort beginnt der kleine Weg, der den Burghügel der ehemaligen Rönneburg hochführt. Oben gibt es einen Rundweg und eine Bank mit Aussicht, auf der es sich ein wenig ausruhen lässt. Den gleichen Weg wieder herunter halten wir uns nun links und fahren geradeaus durch. Nach einer Kreuzung heißt die Straße Rönneburger Freiheit, wo ich stets ein Beweisfoto mache: Fahrradfahren ist Freiheit! Wir fahren die Straße auch mit ihrem Linksknick weiterhin hoch, bis sich links die Stichstraße Fassholt auftut, die uns geradeaus zum Fuchsberg (60 m) hochbringt: ein schöner Platz, von Pferdekoppeln umgeben, mit einem Weitblick in nordwestliche Richtung.

Vom Fuchsberg nach Hittfeld Am gegenüberliegenden Fuß des Berges fahren wir nach rechts in das Sträßchen Eichheister, das nach links abknickt. Nach Querung einer Verbindungsstraße

Tafel an der Schmalen Aue

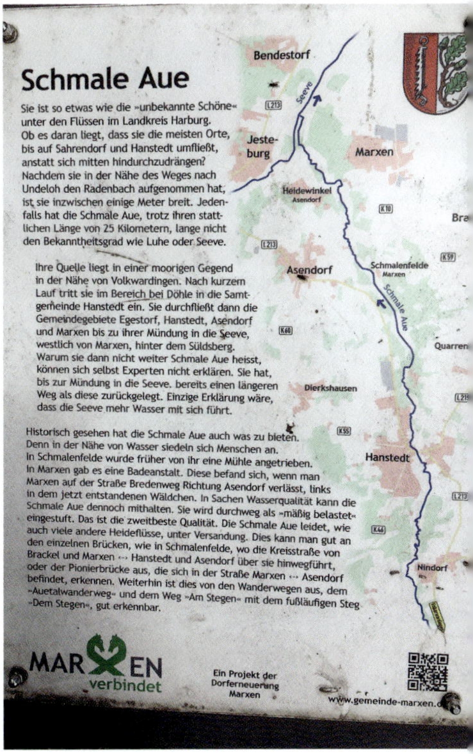

setzen wir etwas nach links versetzt unseren Weg in ein Waldstück fort. Gleich vorne an der Kehre nehmen wir den linken von zwei Wegen durch den Wald, der uns schnurgerade auf und ab nach Fleestedt führt. An der Winsener Landstraße halten wir uns links und an der kommenden Kreuzung rechts in die Straße Im Alten Dorfe. An der folgenden Einmündung geht es kurz links und gleich wieder rechts hoch in den Bültenweg, der später zum Waldweg wird. Radwegweiser zeigen später einen Weg nach rechts Richtung Hittfeld, der uns unter der Autobahn hindurch und dann an der Gabelung nach links hinein bis in die Ausläufer von Hittfeld führt. Jetzt müssen wir uns durch die Bebauung von Hittfeld winden.

Die Schmale Aue kurz vor ihrer Mündung in die Seeve

Von Hittfeld zum Lieblingsplatz Später an der Wegeinmündung geht es nach rechts in die Henry-Henschen-Allee; danach, wenn die Straße sich gabelt, nach links in Am Erlengrund. Kurz können wir aufatmen und einen Weiher linksherum umfahren und auf der gegenüberliegenden Seite nach links abbiegen. Der Weg zwischen Wiesen bringt uns zur Straße Zu den Reetwiesen, der wir dann nach rechts folgen bis hinter der Kurve zur Einmündung in die Schützenstraße. Wir fahren rechts und in der Rechtskurve dieser Straße links in die Mühlenstraße bis zur Einmündung in die Lindhorster Straße, wo wir nach links fahren. Die Straße hat kurz vor einer Überführung einen Extraradweg auf der linken Seite. An der Fußgängerampel überqueren wir die Bundesstraße und nach rechts dann die Autobahn und wenden uns sofort nach links in die Straße nach Lindhorst. Dort biegen wir nach links in die Ringstraße, folgen ihr auch in die Geradeausverlängerung Horster Damm. Jetzt wird es wieder ländlich. An der zweiten Möglichkeit biegen wir rechts ein und dann auch die nächste (Moorstraße) nach rechts. Am Ortseingang von Helmstorf ist unser Restaurant Lieblingsplatz. Es ist gut, wenn wir vorher reserviert haben ...

Im Tal der Seeve Nach dem Mittagessen fahren wir die Moorstraße zurück, bleiben dieses Mal geradeaus (Mittelsdamm) und folgen diesem langen Weg auch mit seinem Rechtsknick

(3 km). Wir sind weiter auf dem Seeveradweg. Die Seeve selbst versteckt sich links von uns hinter Bäumen. Am Ortseingang von Harmstorf, wo die Asphaltierung beginnt, biegen wir mit dem Radwegweiser nach links ab und folgen dem Weg, bis wir auf die Kreisstraße Seevestraße treffen. Hier biegen wir links ein, überqueren die Seeve auf einer Brücke und fahren dann die erste rechts. Für die nächsten 4 Kilometer geht es fast nur geradeaus. Hinter der Straße Hinter der Bahn fahren wir auf

Die gepflegten Außenanlagen des Restaurants Lieblingsplatz

ein Waldstück zu, vor dem unser Weg zuerst einen Links- und dann einen Rechtsknick macht. Jetzt wird es lauschig! Auf einem Brückchen überqueren wir die Schmale Aue, einen Nebenfluss der Seeve, und unterqueren die Bahngleise: eine schöne Stelle! Gleich dort wenden wir uns nach rechts und kommen nun endlich der Seeve näher! An der ersten Möglichkeit rollen wir nach rechts, überqueren die Seeve auf einem kleinen Brückchen und fahren unmittelbar danach links auf den Uferweg. Für eine kleine Weile sind wir und die Seeve nun vereint. An der Wegteilung vor dem Ortseingang von Jesteburg halten wir uns links und enden beim Café Alte Sägerei. Wir fahren rechts in den Ort hinein und biegen an der Rechtskurve nach links in die Lüllauer Straße ein. 3,5 Kilometer fahren wir auf einem schönen separaten Radweg nach Lüllau und folgen der Straße auch darüber hinaus, bis sie nach links abknickt.

Zu einer verwunschenen Wassermühle Hier halten wir uns geradeaus in die Thelstorfer Straße: eine verkehrsarme Straße mit Feldern links und rechts in ruhiger Landschaft. Nach 1,5 Kilometern biegen wir nach rechts wieder in die Feldmark ein und halten auf die verfallene Seppenser Mühle zu: ein verwunschener Platz. Kurz dahinter an einer Gabelung nehmen wir den linken Weg,

Romantisches Büsenbachtal

der später zur schnurgeraden Straße wird und uns nach Holm Seppensen führt. Über die Hauptstraße und die Bahngleise hinüber biegen wir danach sofort nach links auf einen Weg parallel zu den Bahngleisen ein. Dieser Weg bringt uns nach 2 Kilometern nach Wörme und damit zum Eingang des Büsenbachtals.

Im Büsenbachtal Gleich am Eingang des Talwegs sehen wir das Café Der Schafstall mit seinem Garten: Wir freuen uns auf die Kuchenauswahl! Der Weg durchs Büsenbachtal ist als Radroute gekennzeichnet, ist aber für die nächsten 2 Kilometer etwas beschwerlich zu fahren: Sandnester und Wurzeln machen aufmerksames Navigieren nötig. Nach 3 Kilometern sind wir wieder auf der Straße, fahren nach links auf einen straßenbegleitenden Radweg und rollen fast immer abwärts nach Sprötze hinein, wo uns die erste Straße rechts (Bahnhofstraße) zum Bahnhof führt.

Das Restaurant Lieblingsplatz ...

... liegt in Helmstorf, kurz hinter Hittfeld, umgeben von Forellenteichen und einer weitläufigen, gepflegten Außenanlage. Es ist auch eine gern genutzte Location für Hochzeiten und sonstige große Feiern. Sehr schön sitzt man auf der Terrasse mit Blick auf den Forellenteich. Die professionelle und freundliche Bedienung bringt schnell Getränke und ein Amuse-Gueule vorbei. Man hat dann mit der interessanten Karte zu kämpfen, weil man sich ja leider für ein Gericht entscheiden muss. Sehr erfrischend und lecker übrigens ist die gut gekühlte Apfelsaftschorle mit naturtrübem Apfelsaft von einem Nachbarhof: Allein damit fängt Qualität schon an! Den interessanten Nachtisch verkneifen wir uns, denn wir haben ja noch das Café in Wörme vor uns.

www.restaurant-lieblingsplatz.de
Do–So 12–22 Uhr · Reservierung empfohlen; Harburg – Restaurant Lieblingsplatz: 15 km

Café/Restaurant Schafstall

Das Café am Eingang des Büsenbachtals ist tatsächlich in einem liebevoll restaurierten Schafstall untergebracht, umrundet von einem großen Garten, in dem man wunderbar sitzen kann. Für Kinder gibt es viele Spielmöglichkeiten. Wir waren nachmittags da und waren verblüfft über die große hausgemachte Kuchen- und Tortenauswahl. Wieder hatten wir Schwierigkeiten, uns zu entscheiden.

www.cafeschafstall.de · Mo–Fr 12–22, Sa + So 10–22 Uhr.; Lieblingsplatz – Wörme: 22 km

rneburg 8,6
derhandviertel 2,7
Jork
Gehrden 7,3
mburg 34
nkirchen 0.8
ELBERADWEG
Hamburger Radrunde
North Sea Cycle Route
Mönchsweg
HOGENDIEKBRÜCK

Im Westen

Die Hogendiekbrücke über die Lühe, TOUR 11 (o. li.); Reetdachhäuser nahe dem Pinnaudeich, TOUR 12 (o. re.); am Schnaakenmoor, TOUR 13 (u. re.); endlose Apfelplantagen im Alten Land, TOUR 11 (u. li.).

11

Leicht | 38/46 km | 3,5/5 Std.

Tourencharakter
Leichte Tour auf verkehrsarmen Straßen und auf Rad- und Wirtschaftswegen

Ausgangspunkt
S-Bahnhof Stade

GPS-Daten
53.596407, 9.476166

Endpunkt
Anleger Finkenwerder Linie 62 nach Landungsbrücken, Anschluss an U3, S1 und S3. Lift vorhanden

Anfahrt
Mit der S 5 z.B. vom Hauptbahnhof nach Stade

Abkürzung nach der Einkehr
Rückfahrt zum Anleger Lühe (6 km); Fähre nach Schulau/Wedel (www.luehe-schulau-faehre.de); in Schulau per Fahrrad zur S 1 (2,4 km). An Sommerwochenenden fährt ein Fahrradbus von Jork nach Finkenwerder.

Am Wasser und im Land

Eine Picknicktour

Dies ist eine Tour der Superlative: Sie beginnt mit einer ca einstündigen, schönen S-Bahnfahrt nach Stade und einer kurzen Besichtigung des historischen Kerns der alten Hansestadt, setzt sich fort mit einem Radweg vor dem Deich, durch Apfelplantagen und eine ehemalige Elbinsel. Und mittendrin ein entspanntes Picknick unter Kirschbäumen.

In die Stader Altstadt Nach Verlassen des S-Bahnsteigs rollen wir gleich nach rechts entlang der Schwinge, wo wir später auf einem Brückchen die Uferseite wechseln. Der Weg führt uns zur Schleuse beim Salztor. Unsere Tour geht gleich nach rechts. Aber vorher sollten wir unbedingt uns links haltend die Altstadt von Stade besichtigen.

An der Schwinge Für unsere Tour müssen wir nach Überquerung der Schleuse links hinunter zum neueren Hafenbecken. Am Ha-

fenende führt ein Weg rechts am Ufer um die Häuser herum. Am Ende des kleinen Weges biegen wir im spitzen Winkel nach links in die Straße Am Schwingedeich.

Tipp

Für diese Tour lohnt es sich, nicht nur auf die Regenvorhersage zu gucken, sondern auch auf die Windvorhersage. Bei stärkeren Ostwinden die Tour lieber in umgekehrter Richtung abfahren.

Am Schwingeteich Wir bleiben auf dieser Straße, die sich später vom Deich abwendet und über Bahngleise hinein in ein Gebiet mit Apfelplantagen läuft. Nach den Gleisen biegen wir an der nächsten Möglichkeit nach links ab. Wir folgen auch dann weiter dem Straßenverlauf, wenn später eine Hauptstraße dazukommt.

Der Radweg zwischen Deich und Strom Sobald die Straße sich an die Deichlinie anschmiegt, gibt es einen Weg über den Deich hinüber: Damit sind wir auf dem fantastischen Radweg an der Wasserseite angelangt. Wir fahren 6 Kilometer auf diesem herrlichen Radweg und wechseln bei einem Gewerbepark an der Wasserseite auf die Landseite hinüber und drehen nun eine Schleife um den Ort Grünendeich.

Apfelplantagen und Deichkrone Wir überqueren die Hauptstraße und fahren nach 60 Metern rechts in die Mühlenstraße, die uns an Apfelplantagen und bezaubernden Gärten vorbeiführt. Die Straße wird zum Wirtschaftsweg, hört nur scheinbar

Der Anleger Neumühlen/Övelgönne mit seinem Museumshafen

an einem Weg nach links auf. Ein Pfad bringt uns nach wenigen Metern zu einem zweiten Wirtschaftsweg nach links, der uns zur Straße Grünendeich-Steinkirchen bringt, wo wir links einbiegen. Nach 150 Metern geht rechts ein kleiner Weg zum

»Deichpfleger« am Elbeufer

Deich mit der pittoresken Hogendieckbrücke, einer sehr schönen Replik einer holländischen Holzklappbrücke. Jetzt kommt ein Höhepunkt: Wir fahren vor der Brücke nach links auf der Deichkrone mit all den Schleifen der Lühe zur Mündung.

An der Lühemündung Dort liegt vor uns auch der Fähranleger der Verbindung nach Wedel, einer eventuellen Abkürzung der Tour. Aber wir überqueren die Lühe nach rechts auf der großen Straßenklappbrücke und leisten uns den Luxus, dahinter noch für 1 Kilometer auf dem Radweg vor dem Deich zu fahren.

Im Apfelland Wir verlassen den Radweg an der ersten Überfahrt über den Deich, überqueren die Straße und können nach wenigen Metern nach rechts für 3,5 Kilometer ins verwunschene Land der Apfelplantagen abbiegen. Wir kommen im Ortsteil Gehrden heraus, biegen auf der Hauptstraße nach rechts und die nächste Straße Westerjork nach links ab. Nach ca. 700 Metern ist auf der rechten Seite unser Schlemmerziel, der Obsthof Schuback mit seinem zauberhaften Garten. Für unsere Weiterfahrt haben wir verschiedene Optionen: Wir können zurückfahren zur Mündung der Lühe (6 km) und dort mit der Fähre nach Wedel, wo wir die S-Bahn nach Hause nehmen könnten. An einem Wochenende könnten wir auch in Jork den Radlerbus nehmen, der uns zum Fähranleger nach Finkenwerder bringt. Alle mit noch Kraft in den Beinen haben jedoch wunderbare 22 Kilometer bis Finkenwerder vor sich. Dazu verlassen wir das Obstparadies nach rechts und biegen in Jork am Kreisel auf die Straße nach links ein, die uns zur Kreisstraße parallel zum Deich führt. Hier an der schönen Windmühle nach rechts müssen wir noch auf einem Radweg an der Straße fahren, da die flussseitig liegende ehemalige Elbinsel Hahnöfersand mit ihrer Haftanstalt den Weg versperrt.

Verzierte Tür eines historischen Bauernhauses im Alten Land

Wieder am großen Strom Aber bald schon am Ende derselben können wir wieder auf die herrliche Wasserseite des Deiches wechseln. An der Mündung der Este müssen wir kurz hoch zur Klappbrücke und fahren dahinter dann gleich wieder auf den Radweg hinunter. Am Ende des Weges landen wir am Zaun des Airbusgeländes. In spitzem Winkel nach rechts passieren wir den Zugangskontrollpunkt des Geländes und biegen an der Hauptstraße auf den Radweg nach links ein, der uns um die riesige Nase der Start- und Landebahn herum bringt. An der Dreieckskreuzung Rosengarten/Nesshauptdeich tauchen wir gegenüber auf einem kleinen verschlungen Pfad ein ins Grün eines Naturschutzgebiets und genießen die Ausblicke auf die Alte Süderelbe.

Die ehemalige Elbinsel Finkenwerder Die Alte Süderelbe – ein ehemaliger Seitenarm der großen Elbe – ist jetzt an beiden Enden abgeriegelt und hat Finkenwerder zu Festland gemacht. Als Alternative zu engen Wiesenpfaden kann man an der Kreuzung weiter geradeaus fahren und biegt nach 1,5 Kilometern – in der großen Linkskurve – nach rechts und noch einmal nach rechts ab und folgt damit den Radwegschildern D1/D10. Meine Route allerdings geht auf Fußpfaden parallel zur Straße durch das kleine Gehölz und dann nach rechts auf einen Wiesenpfad, bis wir bei Kleingärten wieder mit der Alternative zusammenkommen. Hier fahren wir rechts zum Finkenwerder Westerdeich, der später auf der Südseite sinnigerweise Süderdeich heißt. Vorher an einer Straßenteilung halten wir uns rechts.

Die Gärten Finkenwerders Hier, im alten Finkenwerder, haben die alten Deiche ihre Funktion verloren, bieten aber einen schönen, ruhigen Parcours mit weitem Blick in die Gärten und die Natur. Kaum ein Auto verirrt sich hierher, die Ruhe umhüllt uns. Der Süderdeich knickt nach links ab. Bald kommt rechts der Osterfelddeich, der in seinem ersten Teil ein romantischer Plattenweg auf der Deichkrone ist. Vom darauffolgenden Straßenteil des Osterfelddeichs schwenken wir später nach links auf einen neu hergerichteten Bahntrassenweg zwischen Obst-

Auf der Deichkrone der Lühe

bäumen. An dessen Ende überqueren wir die Hauptstraße zur gegenüberliegenden Schloostraße und biegen an der zweiten nach rechts ab. Jetzt sind es nur noch 100 Meter bis zur Wasserkante mit dem Fähranleger, wo uns die Linie 62 zurück zu den Landungsbrücken bringt.

Obstparadies Schuback

Dieser Obsthof in Jork mit Hofladen und einem wunderschönen Garten geht unmerklich in eine Obstplantage über. Das ist wirklich ein schöner Ort! Im Angebot ist ein Picknickkorb, der sich lohnt. Bei schönem Wetter ist so ein Picknick unter Kirschbäumen einfach toll und eine schöne Unterbrechung der Radtour. Im Hofladen kann man zusätzliche Getränke erwerben und sich auch mit Mitbringseln eindecken. Sollte es unerwartet einen Schauer geben, kann man in eine Scheune ausweichen. Aber man muss sein Picknick planen: Mindestens drei Tage vorher für mindestens zwei Personen muss man buchen; buchbar sind die Tage Mittwoch bis Sonntag. Der Preis pro Person beträgt 32 Euro. Das Picknick gibt es auch in einer Grillvariante, wobei hier auch an Vegetarier und Veganer gedacht ist. Am Wochenende gibt es auch Kaffee und Kuchen für unangemeldete Gäste.

www.obstparadies-jork.de,
Mi–So · Picknickkörbe reservierbar ab 2 Personen, mind. 3 Tage vorher buchen
Kaffee und Kuchen Fr ab 12, Sa + So von 11–18 Uhr

12

In Marsch und Geest

Vom Norden das Beste

Leicht | 38 km | 4,5 Std.

Tourencharakter
Leichte Tour; im ersten Teil auf Deichwegen und verkehrsarmen Sträßchen, im zweiten Teil verkehrsarme Straßen und einige Wald- und Parkwege

Ausgangspunkt
S-Bahnhof Wedel, ebenerdig

GPS-Daten
53.581831, 9.704600

Endpunkt
Bahnhof Elmshorn, Lift vorhanden, RE 70, RB 61, RE 7 zum HH-Hauptbahnhof, Anschluss an alle Schnellbahnen, Lift vorhanden; HVV-Fahrradtageskarte notwendig

Anfahrt
Mit der S1 zur Endhaltestelle Wedel

Abkürzung nach der Einkehr
Keine

Diese etwas längere Tour mit zwei Schlemmerstopps bietet alles, was das Herz begehrt: den großen Strom mit seinen Marschen, historisches Fachwerk, Wälder und einen Blick in die Erdgeschichte.

In die Wedeler Marsch An der Endstation der S1 in Wedel fahren wir mit der Straße nach rechts und biegen hinter dem Mühlenteich nach links in die Schulstraße. An deren Rechtskurve folgen wir links dem Jungfernstieg, queren eine Straße und tauchen schräg gegenüber in die Marsch ein. Vorbei am Theaterschiff Batavia sehen wir knorrige Bäume und saftige Wiesen und biegen an der ersten Möglichkeit nach links zum Elbdeich ab, wo wir nach rechts fahren – für lange Zeit. Mit Glück sehen wir Störche, sicherlich aber viele Gänse. Sowohl der Weg auf der Wasserseite als auch der auf der Landseite des Deiches bieten interessante Landschaftseindrücke.

Am Elb- und Pinnaudeich Auf der Landseite rollt es sich etwas bequemer. Nach 12 Kilometern – ca. 2 Kilometer hinter den beiden Abzweigen nach Hohenhorst – biegen wir nach rechts auf

Schöne Häuser am Pinnaudeich

Tipp

Auf die Windvorhersage achten: bei starken Westwinden diese wunderschöne Tour auf später verschieben; oder man dreht die Tour um. Als Kaffeeeinkehr empfiehlt sich dann Landgasthof Fährmannssand am Elbdeich kurz vor Wedel.

die Straße Audeich und an der folgenden Einmündung nach links ab. Wir folgen jetzt der Deichlinie der Pinnau bis nach Neuendeich, wo wir nach links auf einer Brücke die Pinnau überqueren. Am Ende sind es 500 Meter nach links zu unserem Schlemmerziel Aalkate. Für die Weiterfahrt geht es jetzt zurück auf dieser Straße bis nach nach Uetersen.

Historisches Fachwerk Nach knapp 3 Kilometern geht es nach rechts in die Moltkestraße, die uns mit einer Linkskurve zum sogenannten Klosterbezirk bringt. Vor einem weiteren Linksknick fahren wir nach rechts auf baumbestandenen Wegen zum Fachwerkensemble. Es geht vor den Wiesen nach links, und mit der Kirche im Rücken biegen wir rechts ab, begleitet vom Klostergraben. An der Einmündung bleiben wir etwas nach rechts versetzt weiter auf dem Weg, bis rechts ein Weg in ein Kleingartengelände führt. Dort hinein nehmen wir den ersten Weg nach links, der uns zum Vorplatz am Pinnauhafenbecken führt. Bis zur nächsten Idylle müssen wir jetzt ein paar Stadtstraßen in Kauf nehmen. Dazu biegen wir nach links in die Hafenstraße, danach in die Verlängerung Denkmalstraße und kommen dann am Stadtpark, dem Rosarium an. Wir fahren dort rechts in die Straße Am Mühlenteich, biegen an der nächsten Kreuzung nach links in die Katharinenstraße, an der Einmündung nach links in die Jahnstraße und zum Abschluss die dritte nach rechts in die Tantaus Allee.

Museum Langes Tannen Nach 400 Metern geht es halblinks auf historischem Kopfsteinpflaster in das Ensemble Langes Museum mit dem Mühlencafé. Hier ist unsere Kaffeepause mit schönen Freiluftplätzen unter riesigen Bäumen. Unsere Weiterfahrt geht nach links in den Wald hinein und gleich nach 20 Metern an einer Gabelung auf einen schönen, breiten Weg nach rechts. Am Waldrand biegen wir nach rechts in die Theodor-Storm-Allee ein, die mehr ein Waldweg ist. Wir behalten die generelle Richtung auch mit einem Rechts-links-Knick bei. Ein schöner Weg parallel zum Bach Heidgraben.

Zugang zur Liether Kalkgrube

Ein nationales Geotop In der Waldstraße angekommen, fahren wir nach rechts, die nächste links und dann die nächste wieder rechts. Wir folgen dieser verkehrsarmen Straße 3 Kilometer über drei Straßen hinweg und sind dann an einer Linkskurve plötzlich an der Liether Kalkgrube. Es lohnt sich, hier die Räder anzuschließen und den schönen Weg in die Grube hinabzusteigen. Für den Abschluss unserer Tour folgen wir nach der Linkskurve dieser Straße für 3 Kilometer, biegen nicht ab und kommen so langsam nach Elmshorn. An der großen Kreuzung mit der Wasserstraße fahren wir nach rechts unter der Bahnbrücke hindurch und unmittelbar danach an der Ampel nach links in ein Kleingartengebiet hinein. Parallel zu den Bahngleisen erreichen wir eine Straße, setzen etwas nach rechts versetzt gegenüber fort. Nach dem gewundenen Verlauf kommen wir zur Hamburger Straße, fahren nach links und finden unseren Weg an der Dreieckskreuzung schräg gegenüber – wieder parallel zu den Bahngleisen. Ein hübscher Parcours am Rande eines Stadtparks. Wenn wir die Krückau überquert haben, kommen wir zu einer Fußgängerstraße, wo es nach links in eine Unterführung mit Zugang zu den Bahngleisen geht.

Die Aalkate

Das Restaurant in einem reetgedeckten Haus liegt direkt am Pinnaudeich. Das originell maritim eingerichtete Restaurant ist im Obergeschoss, sodass man über den Deich blicken kann. Das Schönste aber ist die rustikale Terrasse auf dem Deich – ein Ort, an dem man sich mit der Marsch und den Gezeiten verbunden fühlt. Passend zu Ort und Namen gibt es viele Fischgerichte, die ihren Preis wert sind. Mein letzter Besuch war an einem schönen Spätsommertag. Die milde Sonne, der blaue Himmel und die saftigen Wiesen versetzten mich in so eine Hochstimmung, dass ich mir zu einem Glas Wein einige Austern leistete: Auch die kann man dort bekommen.

www.aal-kate.de · Mi–Fr 12–15.30 und 17.30–22 Uhr, Sa+So durchgehend

Langes Mühle ...

... ist ein originelles Café im Rundbau einer ehemaligen Mühle. Und draußen unter den großen Bäumen zu sitzen ist einfach traumhaft! Die hervorragenden Torten sind tatsächlich hausgemacht von der Chefin, die einem Plausch nicht abgeneigt ist. Und der Kaffee! Der Filterkaffee ist Tasse für Tasse von Hand aufgegossen: Das schmeckt man!

www.cafe-langes-muehle.de
Mi, Fr–So 14–18 Uhr

13

Durch Wald und Moor

Grüne Wege zur Kultur

Leicht | 26 km | 2,5 Std.

Tourencharakter
Leichte Tour; im ersten Teil auf Asphalt in der Marsch, später auf Wald- und Wirtschaftswegen

Ausgangspunkt
S-Bahnstation Wedel, ebenerdig

GPS-Daten
53.581831, 9.704600

Endpunkt
S3 Pinneberg, ebenerdig

Anfahrt
Mit der S1 zur Endhaltestelle Wedel

Kulturzentrum
www.drostei.de,
Mi–So 11–17 Uhr

Abkürzung nach der Einkehr
Keine

Verkürzung
In Wedel die Schleife durch die Marsch auszulassen, spart 8 km

Der Regionalpark Wedeler Au, ein Wildpark im Wald Klövensteen, ein Moor und ein barockes Kulturzentrum begeistern uns auf dieser Tour. Hervorragend speisen wir in Meusel's Landdrostei und können anschließend noch eine Kunstausstellung besuchen.

Kürzere oder längere Tour? Radfahrer mit weniger Zeit können diese Tour auf 18 Kilometer verkürzen, wenn sie sich am Bahnhof Wedel gleich nach Norden wenden. Ich empfehle aber unbedingt die zusätzliche, 8 Kilometer lange Schleife, weil sie superschön ist und noch einmal einen ganz anderen Charakter hat als die waldige Tour nach Pinneberg hinauf.

An die Elbe Für unsere Schleife im Regionalpark Wedeler Au überqueren wir nach dem Verlassen des Bahnhofs die Straße zum gegenüberliegenden Rathausplatz und biegen gleich darauf nach rechts in die Gorch-Fock-Straße ein. Diese fahren wir noch über die Schulauer Straße durch, am Schwimmbad vorbei und nehmen dann in der finalen Kehre den schönen, grünen Weg nach links, der uns zum Elbedeich führt. Hier biegen wir

Die Marsch der Wedeler Au mit dem Theaterschiff Batavia

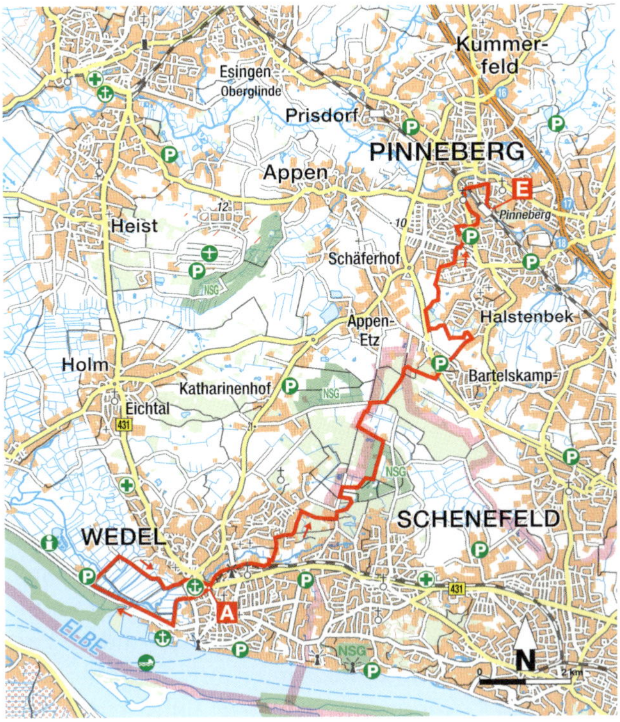

Knorrige Bäume in der Wedeler Marsch

rechts ein, passieren das Sperrwerk, wo die Wedeler Au und die Haseldorfer Binnenelbe in den großen Strom entwässern. Wir bleiben auf der Landseite des Deiches und biegen dann an der ersten Möglichkeit nach rechts in die Straße Langer Damm ab. Wer will, kann vorher das Rad am Fuß des Deiches kurz parken und auf die Deichkrone steigen, um die Aussicht zu genießen. Die Straße führt uns in die wunderschöne Wedeler Marsch. An der Einmündung fahren wir rechts und nehmen an der folgenden Gabelung den rechten Weg.

In der Marsch Schöne Wiesen mit Gräben und knorrige Bäume säumen unseren Weg. Die Wiesen werden belagert von Gänsen mit vereinzelten Störchen als Gesellschaft. Bussarde sind auf Flugpatrouille. Am Ende des Weges passieren wir das Theaterschiff Batavia mit seinem Biergarten, der leider erst am späten Nachmittag aufmacht. Wir überqueren wieder die Schulauer Straße und folgen gegenüber – etwas nach links versetzt – dem Jungfernstieg. Das Sträßchen wird zum Weg und führt zur Schulstraße, wo wir nach rechts gewandt auf einen Eispavillon am Mühlenteich zuhalten. Wer jetzt schon einen guten Kaffee oder gar einen Eisbecher braucht, wird hier gut bedient. Wir wenden uns nach rechts und haben dann unsere Schleife in die Marsch beendet.

Im Tal der Wedeler Au Noch vor dem Bahnhof geht links ein Weg in die Auen der Wedeler Au hinunter, der auch mit einem Radwegweiser gekennzeichnet ist: ein schöner Parcours parallel zu den S-Bahngleisen; links wiederholt schöne Blicke auf die Wiesen. Wir überqueren eine Straße und biegen später auf einen neu gemachten Weg nach links ein, der auf einem Brückchen über die Au führt und dann gerade hoch zum Egenbüttler Weg. Hier biegen wir nach rechts und bleiben geradeaus zum Waldrand hin.

Saftige Weiden in den Auen der Wedeler Au

Wald und Wildgehege Im Wald können wir der Radwegweisung folgen und nehmen den dritten Pfad nach links. Jetzt halten wir uns geradeaus bis zu einer Hecke, wo uns der Radwegweiser nach links und gleich darauf nach rechts in ein Kleingartengebiet führt. Unmittelbar an dessen Ende biegen wir mit der Wegweisung nach Pinneberg nach rechts ab. Der waldige Weg wird breiter und führt uns zum Sandmoorweg, wo wir links einbiegen. Rechts sehen wir bald den Eingang zum Wildgehege Klövensteen: ein schönes Gelände! Der Eintritt ist frei und auf einem Rundweg kann man das eine oder andere Tier erblicken.

Im Schnaakenmoor Ob nun mit Wildgehege oder nicht: Wir setzen auf dem Sandmoorweg fort und biegen am ersten Wirtschaftsweg nach rechts ab. Wir passieren erst ein Gehöft. Dann wird die Straße an einem Linksknick zum Weg, der uns zum Schnaakenmoor führt. An einer Bank können wir eine Pause einlegen. Jetzt geht es etwas im Zickzack durch das Wald- und Wiesengelände: Hinter der Bank biegen wir links ein, an der Einmündung bei einem Gehöft erneut nach links, an der nächsten Kreuzung nach rechts, an der nächsten Möglichkeit – wenn kurz zuvor links ein Weg dazugekommen ist – wieder nach rechts. Kurz danach an einer Wegeeinmündung nach links. Rechts vom Weg liegt ein verwunschener, kleiner Weiher, wo Libellen ihre Flugschauen abhalten. Wir bleiben auf dem Weg

TIPP

Das Wildgehege Klövensteen ist frei zugänglich und kann bis zum Eintritt der Dunkelheit besucht werden.

geradeaus, auch wenn an einem Wegestern andere dazukommen. Jetzt wird es knifflig: Etwas schlecht zu sehen ist 200 Meter nach der Kreuzung rechts der Weg über einen kleinen Wall hinüber; links liegt dann ein versteckter, kleiner Weiher. Sofort wird der Weg breiter und bringt uns nach 700 Metern zum Waldrand, wo wir an einer Wegekreuzung nach links auf die Brücke über eine Schnellstraße fahren. Wir nähern uns nun langsam Pinneberg.

Radweg am Elbdeich

Durch die Felder Aber vorher haben wir noch einen herrlichen Parcours durch Felder und Wiesen auf einem Betonplattenweg. Ich liebe Betonplattenwege – sofern sie in einem befahrbaren Zustand sind! Nach der Brücke fahren wir geradeaus, an der Querstraße rechts und gleich wieder links in die Fahrradstraße Hunnenbarg. An der ersten Möglichkeit fahren wir nach links auf den Betonplattenweg, an einer Gabelung ebenfalls nach links und an der folgenden Einmündung nach rechts. Der schöne Weg endet am Rand der Bebauung Pinnebergs. Nun müssen wir uns ein wenig durch die Wohngebiete hangeln. An der Einmündung fahren wir kurz nach rechts, um am Rand eines Waldstreifens nach links einzubiegen und nach kurzer Zeit mit dem Waldstreifen nach rechts zu fahren. Nach 400 Metern nehmen wir den zweiten kleinen Pfad zwischen Grundstücken nach links, der in die Kehre der Wohnstraße Kiebitzgrund mündet. Jetzt fahren wir immer geradeaus bis zur Heinrich-Christiansen-Straße, wo wir nach rechts und über die Kreuzung mit diversen Supermärkten weiter geradeaus fahren.

An der Mühlenau Es geht wieder auf ein Waldstück zu, später begleitet von der Mühlenau. Wir nehmen den ersten Weg nach links zwischen dem Rand der Bebauung und der Mühlenau, der an der Mühlenstraße endet. Hier biegen wir auf einen Radweg nach rechts ein, unterqueren die Bahngleise, überqueren

Renaturiertes Gelände an der Wedeler Au

die Schauenburger Straße und sind nun in einer verkehrsberuhigten Straße, die uns nach wenigen Metern zur Drostei und damit auch unserem Schlemmerziel bringt.

Das Kulturzentrum Drostei Das Restaurant liegt im Keller des barocken Gebäudes. In der Drostei selbst gibt es regelmäßig Kunstausstellungen, die man nicht versäumen sollte. Für unseren Rückweg haben wir es leicht: wir fahren den Drosteipark hoch, bleiben geradeaus zwischen den Häusern, halten uns auf einem Radweg immer geradeaus bis zur Einmündung in die Rockvillestraße, biegen nach links ab und können die S-Bahnstation hinter dem Busterminal jetzt schon sehen.

Meusel's Landdrostei ...

... liegt im Keller des barocken Gebäudes, wo in früheren Zeiten der Statthalter des dänischen Königs residierte. Die Räume sind urig und gemütlich. Ich habe dort schon mehrmals mit großer Zufriedenheit – auch mit Freunden in großer Runde bei bester Stimmung – gegessen. Am schönsten finde ich es jedoch draußen auf der Terrasse vor der Rückseite des Gebäudes mit dem Blick in den Drosteipark. Man sitzt dort sehr gut und entspannt unter großen Sonnenschirmen. Wenn man Glück hat, ergattert man den Platz im Strandkorb. Die Speisen sind anspruchsvoll und originell, aus regionalen Zutaten, und der Service ist zugewandt und professionell. Es gibt ein sehr schönes Mittagsmenü (drei Gänge) mit Auswahl für 34,50 Euro. Aber auch die Abendkarte und die Sushi-Abteilung sind interessant. Und das Schöne ist: Die S-Bahn, die mich nach Hause bringt, ist nicht weit!

www.meusels-landdrostei.de · Di-Sa 11.30–17/ Mi-Sa 17–21.30 / So durchgehend

BAHNANLAGE
Betreten
nicht gestattet

Im Osten

Saftige Weiden am Bahntrassenweg, TOUR 14 (o. li); das Reinbeker Schloss, TOUR 17 (o. re); auf dem historischen Bio-Bauernhof Eggers, TOUR 16 (u. li); die verlassenen Gleise der südstormarnschen Kreisbahn, TOUR 14 und 19 (u. li).

14

Zum Lütjensee

Schlemmen an einem schönen See

Leicht | 33 km | 3,5 Std.

Tourencharakter
Leichte Tour; 9 km überwiegend auf Parkwegen und 16 km auf einem Bahntrassenweg; Rückweg: Waldwege und ein wenig über Straßen

Ausgangspunkt
U-Bahnhof Mümmelmannsberg, Lift vorhanden

GPS-Daten
53.528382, 10.150063

Endpunkt
U1, Endstation Großhansdorf, Lift vorhanden

Anfahrt
Mit der U2 zur Endstation Mümmelmannsberg

Abkürzung nach der Einkehr
An der Kreuzung in Lütjensee hält der Bus 369, der Fahrräder mitnimmt, wenn genügend Platz ist.

Grüne Wege entlang der Glinder Au führen uns zur Bahntrasse der ehemaligen Stormarnschen Eisenbahn, auf der wir entspannt nach Lütjensee rollen. Ein kurzer Parcours durch Wald und Wiesen bringt uns danach nach Großhansdorf zur U-Bahn.

Entlang der Glinder Au An der Endstation der U3 in Mümmelmannsberg bringt uns ein Aufzug auf Straßenniveau. Wenige Meter vor uns geht links der breite Fußweg Hirtenweg an den Rand der Siedlung, wo wir nach links auf einen Parkweg abbiegen und immer parallel zum Havighorster Graben bis zu einem Brückchen über die Glinder Au rollen. Auf der anderen Seite der Au fahren wir hoch zum Sträßchen An der Glinder Au und biegen rechts ein. Die Straße wird zum Weg nach Oststeinbek und wieder zur Straße, der wir folgen, bis wir rechts in die Brückenstraße einbiegen können. Diese führt uns nach der Querung der Stormarnstraße zur Straße Lägerfeld, die hinter dem Friedhof zum Weg wird. An der Wegteilung fahren wir rechts hinunter zum Gut Domhorst. Wir queren die Glinder Au, durchfahren die etwas heruntergekommene Gutsanlage und kommen zu einem Feldweg, dem wir nach links

Auf dem Bahntrassenweg

TIPP

Im Norden des Lütjensees beim Restaurant ist eine kleine Badestelle. Und 2 km südlich des Forsthauses ist der schöne Nordstrand des Großensees.

folgen. Dieser teilweise etwas ruppige Weg führt uns zu einer Einmündung, wo rechts Gleise liegen. Hier fahren wir links und überqueren wieder die Au. Nur scheinbar fahren wir in die Bebauung zurück: Gleich an der ersten Möglichkeit nach rechts biegen wir auf einen Uferweg an der Au ein. Vor einem Brückchen biegen wir dann links ein, fahren das Sträßchen hoch, überqueren die Möllner Landstraße und halten uns auf der anderen Straßenseite nach rechts, bis sich nach 100 Metern links wieder der Parkweg an der Glinder Au auftut.

Durch Glindes Parklandschaft Jetzt fahren wir mal links, mal rechts vom Bach und immer geradeaus bis zur Glinder Kupfermühle, die jetzt ein Museum ist. Nach der Querung der Straße erscheint der große Mühlenteich, den wir auf seiner rechten Seite entlangrollen. Wir folgen dem Weg über ein Brückchen und halten uns nach erneuter Querung eines Brückchens links. Der Weg macht einen Rechtsknick, mündet in die Straße Hinter den Tannen und bringt uns schnell zur Fußgänger- und Radfahrerbrücke über die Autobahn, wo der Bahntrassenweg beginnt.

Entspanntes Rollen auf dem Bahntrassenweg Jetzt können wir uns entspannen: Immer dem Weg folgend, gesäumt von schattigen Bäumen, später durch einen lichten Buchenwald, kommen wir nach 15 Kilometern an der Kreuzung in Lütjensee an. Jetzt haben wir die Wahl: zum Restaurant am Lütjensee geht es nach links durch den Ort hindurch und am letzten Sträßchen (Seeredder) nach rechts. Zum Forsthaus Seebergen überqueren wir die Kreuzung und können bald nach links wieder den Bahndamm entern. An der zweiten querenden Straße fahren wir nachl links und folgen den Schildern.

Durch Feld und Wald Nach der Mittagspause fahren wir wieder zur Kreuzung und ein Stück zurück in den Buchenwald. Kurz vor dem Ende dieses Waldstücks geht rechts ein breiter Weg ab und 50 Meter danach ein schmaler Pfad nach links: Den müssen wir nehmen. Keine Angst: Der Pfad wird gleich wieder breiter! Der Weg zwischen Feldern wird zur Schultwiete und

Der stille Lütjensee

führt uns nach Hoisdorf hinein. Gegenüber dem Löschteich in der Mitte beginnt der Jungfernstieg, ein schmaler, schöner Verbindungsweg zur Oetjendorfer Landstraße, in die wir links einbiegen. Wir folgen dem Straßenverlauf geradeaus, machen den Linksknick aber nicht mit, sondern fahren weiter geradeaus und biegen erst später links in den Birkenweg ein. Am Ende geht ein Weg geradeaus weiter in den Wald hinein und später nach rechts unter der Autobahn hindurch. Dahinter an einer Gabelung nehmen wir den linken Abzweig, der uns zur Hoisdorfer Landstraße führt. Hier fahren wir nach rechts geradeaus durch und sind nach 500 Metern am U-Bahnhof Großhansdorf.

Restaurant am Lütjensee

Diese Waldschenke mit Biergarten liegt im Norden des Sees an einer kleinen Badestelle mit großer Liegewiese. An einem heißen Radeltag könnten wir uns hier herrlich erfrischen. Draußen im Biergarten sitzt man sehr schön und naturnah. Die Küche bietet das übliche Speisenangebot zu fairen Preisen. Nachmittags wird Kaffee und Kuchen angeboten.

restaurant-am-luetjensee.eatbu.com
Mi-So 11–22 Uhr/ Mi–Fr 15–17 nur Kaffeegeschäft

Forsthaus Seebergen

Das Hotel-Restaurant Forsthaus Seebergen liegt idyllisch etwas südlich vom Lütjensee am Schwanenteich. Es ist ein großes Ensemble – romantisch hergerichtet bis zum letzten Hirschgeweih über dem Eingang. Es gibt viele lauschige Plätze, wo wir verführt werden, mehr als nur eine Verschnaufpause einzulegen. Diese Idylle aber hat ihren Preis: die Speisen aus Teich und Wald sind eher am oberen Rand der Preisrange.

forsthaus-seebergen.de. Sa–Di 12–22 Uhr

15 Durch Wald und Flur

Schlemmen in einem stylischen Reetdachhaus

Leicht | 23 km | 2,5 Std.

Tourencharakter
Leichte Tour, Varianten mittelschwer, eine kurze Steigung im Hohenbuchenpark, fast nur feste Sandwege

Ausgangspunkt
U-Bahnstation Ahrensburg-West

GPS-Daten
53.664495, 10.220139

Endpunkt
S- und U-Bahnhof Ohlsdorf, Lifte vorhanden

Anfahrt
Mit der U1 zur Station Ahrensburg-West, Lift vorhanden

Abkürzung nach der Einkehr
3 km zur S-Bahn Poppenbüttel, siehe Text

Diese Tour verläuft oberhalb eingeschnittener Täler von Alsternebenflüssen auf Waldwegen. In den zwei Varianten setzt sie geübtes Radfahren voraus. Die Tour ist eine der romantischsten, die Hamburgs Norden zu bieten hat – und das über die ganze Länge!

Am Bredenbeker Teich Unsere Tour startet an der Haltestelle der U1 Ahrensburg-West. Mit dem Aufzug nach oben wenden wir uns nach links und gleich wieder nach links in den Weg Beim Jüdischen Friedhof, der uns durch Wald am Rand der Bebauung zum Wulfsdorfer Weg führt. Hier biegen wir links ein. Wenn sich nach 300 Metern rechts die Straße Sahlmannsberg zeigt, biegen wir dort mit der Radwegweisung scharf nach rechts auf einen Weg, der witzigerweise Bredtsche heißt: ein gut zurechtgemachter Weg am Rande des Bredenbeker Teichs durch Waldstücke und Felder. Die Landschaft erinnert sehr an Ostholstein. An einem Feld endet der Weg und führt nach links zur Straße Am Bocks-

berg, der wir rechts folgen könnten. Ich finde es aber spannender, für eine Variante am Seeufer zu bleiben, die um eine Landnase herumführt. Dafür fahren wir vor dem Feld nach rechts auf einen Trampelpfad, der weiter am Seeufer entlangführt. Er lässt sich gut befahren, ist aber nicht hergerichtet. Schöne Ausblicke hat man auf den Bredenbeker Teich, den Quellsee der Bredenbek,

Der Bredenbeker Teich

der wir später noch begegnen werden. Der Trampelpfad führt uns später ebenfalls zur Straße Am Bocksberg, der wir dann auch nach rechts folgen. An der Westseite des Sees mit seinen in Baumstümpfen geschnitzten Eulenfiguren biegen wir nach links in die Straße Am Lindenhof ein, die zum Weg wird. Es geht immer geradeaus, bis wir zur Senke des Lottbeker Stausees kommen.

An der Lottbek Dies ist ein magischer Ort wie auf einem Gemälde der Romantik, der immer wieder anders aussieht je nach Jahreszeit und Lichteinfall. Wir fahren nach rechts in die Senke und folgen dieser Richtung an der Lottbek auch hinter der Staustufe. Wir sind auf einem schönen Weg an Feldern vorbei. Die Lottbek bleibt immer links von uns. Der Weg mündet bei einer Apotheke an der Hamburger Straße, wo wir links einbiegen und hinter der U-Bahn gleich wieder rechts. Jetzt rollen wir parallel zum Bahndamm.

Normalvariante Für diese Variante folgen wir nach 350 Metern dem Radwegweiser nach links, dann immer geradeaus auf der

Straße Rügelsbarg, und fahren nach Querung des Wohldorfer Damms weiter geradeaus in ein Waldstück. Der Weg macht eine Links-Rechts-Kurve und trifft auf die Straße Iloh, wo wir nach links auf dem kleinen separaten Pfad fahren. Später erreichen wir mit der Straße eine Einmündung, wo wir rechts abbiegen und gleich hinter der Linkskurve links den Einstieg in den Alsterwanderweg finden.

Der verwunschene Lottbeker Stausee

Abenteuervariante Für diese Variante fahren wir 250 Meter weiter und nehmen erst den nächsten Weg zusammen mit der Lottbek nach links. Jetzt wird es wild und der Weg wird sehr eng. Wir überqueren den Lottbeker Weg, rollen an einer Wegteilung nach links über ein Brückchen und erklimmen dann das Hochufer nach rechts.

An der Bredenbek Der Bach weitet sich zu einem See, in dem er in die Bredenbek mündet. Auch hier romantische Ausblicke. Wir überqueren den Wohldorfer Damm und fahren gegenüber in das Naturschutzgebiet Rodenbeker Quellental. Hier am Hochufer der Bredenbek gibt es doch tatsächlich mal eine Stelle, wo es ratsam sein könnte, kurz abzusteigen. Ein schönes, naturbelassenes Tal! Wir folgen dem Weg immer am Rande eines Feldes bis zur Straße Rodenbekredder, wo wir nach rechts abbiegen. Der Weg wird gleich zum Pfad und führt uns an den

Teichen beim Restaurant Quellenhof auf den Alsterwanderweg. Wir biegen links ein, überqueren die Straße Trillup und treffen auf die Normalvariante.

Auf dem Alsterwanderweg Jetzt haben wir die Alster immer rechts von uns. Der Alsterwanderweg führt durch die Straße Kortenland, an dessen Ende uns ein zuerst schmaler Weg nach links bis zur Straße Alte Mühle bringt. Auf der Straße fahren wir rechts hinunter zur Staustufe der Saselbek mit dem Restaurant Alte Mühle. Gleich geht der Weg wieder hoch und wird zum Mellingburgredder, an dessen Ende wir den Weg wieder hinunter ins Alstertal nehmen. Vorsicht: gut abbremsen! Unten angekommen, biegen wir nach links zu einem Brückchen über die Alster und fahren geradeaus in den Hohenbuchenpark.

Brücke über den Alsterlauf

Im Hohenbuchenpark zur Mellingbek An der folgenden Gabelung fahren wir rechts und schauen rechts von uns auf die ursprüngliche Landschaft der Alsterschleife. Wir bleiben auch auf dem Weg, wenn er plötzlich einmal kurz steil bergan geht. Oben angekommen, fahren wir rechts in einem Halbkreis auf der Erhebung herum, bis wir nahe der Mellingbek nach rechts fahren können und sie auf einem Brückchen überqueren. Wir nähern uns nun unserem Schlemmerziel. Dazu überqueren wir die Poppenbüttler Hauptstraße und fahren gegenüber in die Straße Kupferhammer hinein. Nach kurzer Zeit sehen wir rechts wiederum ein Brückchen über die Mellingbek, das uns zum hinteren Aufgang der Terrasse des Restaurants „Das Pfeiffers" führt. Auf der Terrasse lässt sich prima ausruhen und speisen!

Zur Poppenbüttler Staustufe Für unsere Weiterfahrt fahren wir zurück über die Poppenbüttler Hauptstraße und biegen nach dem Brückchen über die Mellingbek nach rechts ein, überqueren sie gleich darauf noch einmal auf einem Brückchen und folgen dem Weg, bis wir auf den Hauptwanderweg treffen. Die Alster liegt jetzt links von uns, nach einer erneuten Querung dann rechts von uns. Schon bald sind wir an der Poppenbüttler Staustufe.

Auf dem Alsterwanderweg nach Ohlsdorf Alle, die noch Energie haben, fahren den Alsterwanderweg immer weiter hinunter: Das ist ganz einfach! Man folgt immer der Alster und dem Wegweiser (8 km), am Ende auf einem Weg unter der Ratsmühlenbrücke hindurch bis zur Schleuse in Ohlsdorf, wo man links schon die erhöhten U-Bahngleise sieht. Kurz dahinter kann man die S- oder U-Bahn entern.

Die Abkürzung nach Poppenbüttel Wer aber jetzt nach dem Essen müde ist, kann hinauf zur S-Bahnstation Poppenbüttel fahren. Dazu fährt man 70 Meter hinter der Staustufe am Wanderweg nach links hoch auf Straßenniveau, überquert an der Fußgängerampel den Ring 3 und nimmt gegenüber halb

Der Teich am Zusammenfluss von Bredenbek und Lottbek

links den Weg hinter dem Drängelgitter die Talkante hoch. Oben angekommen nehmen wir den Weg nach rechts, der am Rand der Bebauung entlangführt. Nach 300 Metern kommen wir zum Kritenbarg, den wir nach links hochfahren und wo wir uns oben am Heegbarg nach rechts Richtung Busbahnhof halten. Wir fahren am Busbahnhof vorbei, nehmen dann die erste Fußgängerampel über die Straße und sehen links vom Polizeigebäude die Rampe, die uns zum Zugang des S-Bahnhofs führt.

Stocks Restaurant ...

... heißt jetzt Das Pfeiffers und bietet alles an, was gerade trendy ist. Fisch ist natürlich auch dabei. Sehr schön sitzt man auf der Terrasse, die man auch vom Radweg erreichen kann, und guckt von der Talkante zum Bächlein Mellingbek hinunter. Es gibt Mittagsteller und auch ein Mittagsmenü (drei oder vier Gänge), das ich sehr empfehlen kann. Der Service ist gut eingespielt und schnell.

das-pfeiffers.de
Di–So 12–15 und ab 18 Uhr

16

Eine Landpartie

Wochenendausflug auf Bahntrassenwegen

Leicht | 39 km | 3,5 Std.

Tourencharakter
Fast durchgehend Radwege und Bahntrassenwege, in Bergedorf Fahrradstraße

Ausgangspunkt
Hauptbahnhof

GPS-Daten
53.553053, 10.006637

Endpunkt
S-Bahnhof Bergedorf, Lift vorhanden

Anfahrt
Mit allen Schnellbahnen zum Hauptbahnhof, Lifte vorhanden

Abkürzung nach der Einkehr
In 1–2 km Umkreis sind Haltestellen von Bussen, die nach Bergedorf fahren und Fahrräder – wenn genügend Platz – mitnehmen (Bus 224, 225, 227 u.a.); Haltestellen: Kirchwerder Mühlendamm, Neuengammer Heerweg, Kirchwerder Schule

Diese Tour führt uns zumeist frei von motorisiertem Verkehr in die besondere Landschaft der Vier- und Marschlande. Ein romantischer, historischer Biobauernhof empfängt uns zum Schmausen unter Bäumen. Die Tour ist sehr gut mit Kindern zu machen.

Auf dem Radweg am Oberhafenkanal Wir starten wieder am Hauptbahnhof und fahren den Glockengießerwall/Steintorwall links herunter bis zur großen Kreuzung mit den dahinterliegenden Deichtorhallen. An der Wasserkante nach links sind wir dann schon in der Spur! Hinter der Oberhafenbrücke beginnt auf der Kaipromenade der Radweg zu den Norderelbbrücken. Vor der Auffahrt zu den Brücken geht nach rechts ein enger, angeklebter Parcours auf die andere Seite dieser Hauptverkehrsachse Hamburgs. Vorsicht vor Radgegenverkehr!

Auf Entenwerder und Kaltehofe Dahinter fahren wir auf der kleinen Brücke vor uns rechts in den Entenwerderpark, an des-

sen Ende wir nach rechts auf dem Sperrwerk der Billwerder Bucht die ehemalige Insel Kaltehofe erreichen. Bald wird unser Weg wieder verkehrsfrei, wenn wir die Villa Wasserkunst und die stillen Becken der ehemaligen Elbwasseraufbereitungsanlage, einem Industriedenkmal, passieren. Am Ende des Weges ist rechts ein Spielplatz – interessant vielleicht für mitfahrende

Kinder. Dort queren wir nach rechts über die Brücke die Dove Elbe mit der Tatenberger Schleuse und biegen sofort nach links ein in den Tatenberger Deich.

Links: Im Backhaus vom Hof Eggers

Rechts: Maskenselbstbedienung am Bahntrassenweg nach Bergedorf

Der Marschenbahndamm Nach nur 80 Metern liegt rechts unser Zugang zum Bahntrassenweg. Ein herrlicher Parcours erwartet uns, der zu jeder Jahreszeit Genuss bietet. Wir brauchen nur dem Weg zu folgen bis zum ehemaligen Gleisdreieck. Auch dort ist ein origineller Spielplatz, der kleine und große Kinder interessieren könnte. Unser Weg will uns dort nach rechts leiten; aber wir setzen weiter geradeaus auf der Trasse Richtung Osten fort. Der Weg wird jetzt vielfältiger und ist teilweise als einspurige Straße angelegt.

Zum historischen Bauernhof Wir queren zwei Straßen, sehen etwas entfernt die Riepenburger Mühle und kommen dann nach 3 Kilometern hinter dem Gleisdreieck zu dem Schild, das uns zum Bauernhof Eggers nach links einen Weg zwischen Wiesen anzeigt (Deichvogt-Peters-Straße). Der Bauernhof ist auch außerhalb der Öffnungszeit des Hofcafés eine Besichtigung wert! Nach unserer genüsslichen Einkehr fahren wir auf der offiziellen Zuwegung des Hofes auf der anderen Seite – begleitet vom Gose-Elbe-Graben – zum Kirchwerder Mühlendamm vor und müssen jetzt 2 Kilometer auf der Straße fahren. Wir biegen links ein und dann die nächste gleich wieder nach rechts auf den Kirchwerder Hausdeich – weiter begleitet vom Gose-Elbe-Graben.

Auf dem Bahndamm nach Bergedorf Wir queren den Heinrich-Stubbe-Weg, biegen links in den Norderquerweg und sind dann an der nächsten Abzweigung rechts wieder auf einem

Üppige Natur entlang des Marschenbahndamms

Bahndamm, der uns 6 Kilometer schnurgeradeaus fast bis nach Bergedorf führt. Beim Restaurant Dubrovnik verlassen wir den Bahndamm nach rechts und fahren nach wenigen Metern links in den Pollhof, der uns über die Autobahn führt. Unten biegen wir links ein in den Brookdeich und folgen ihm bis zur Einmündung in die Straße Neuer Weg, wo wir rechts einbiegen. Wir bleiben auf ihm auch im verkehrsberuhigten Teil, überqueren die B5 an der Fußgängerampel und fahren dann auf dem straßenbegleitenden Radweg nach links. Hinter einer Brücke können wir nach rechts zum Bahnhof Bergedorf vorfahren.

Hof Eggers in der Ohe

Der Hof ist ein denkmalgeschütztes Bauernhofensemble und ein anerkannter Demonstrationsbetrieb des ökologischen Landbaus. Das heißt, hier wird nach ökologischen Prinzipien gelebt und gearbeitet und man kann den Hof auch besichtigen. Dies lässt sich ganz leicht erleben, wenn am Wochenende das Hofcafé geöffnet ist, zum Beispiel mit einem leckeren Frühstück oder Speisen und natürlich hausgemachtem Kuchen mit Biokaffee. Wie man da so sitzt in den Gärten unter Bäumen und vielleicht seinen Kuchen genießt, wie plötzlich ein Bäcker in historischer Kleidung angefahren kommt und im Steinofen Brote ausbackt, wie man beim Hofrundgang Störche, Schweine, Gänse und noch so allerlei anderes Getier entdeckt, wie die kleinen Kinder auf der Schaukel juchzen: Das ist einfach so eine Idylle, dass einem ganz warm ums Herz wird. Man kann nicht glauben, dass dieser Ort mit dem Fahrrad nur 26 Kilometer vom Hauptbahnhof entfernt ist! Der Hof hat auch vier Ferienwohnungen im Haupthaus, die sofort den Wunsch erwecken, hier einmal ein paar Ferientage zu verbringen – mal nicht in die Ferne schweifen, sondern ganz in der (schönen) Nähe zu bleiben. Eine Auszeit auf dem Biobauernhof: Das ist so cool, das muss man mal gehabt haben!

www.hof-eggers.de
Öffnungszeiten s. Homepage

17

Im wilden Billetal

Auf neuen, grünen Wegen von Bergedorf nach Aumühle

Mittel | 15/19 km | 1,5 Std.

Tourencharakter
Parkwege und Waldwege in mittlerer Schwierigkeit, kaum Straße, für Rennräder nicht geeignet

Ausgangspunkt
S-Bahnstation Bergedorf

GPS-Daten
53.490093, 10.205987

Endpunkt
S-Bahnstation Aumühle, Lift vorhanden

Anfahrt
Mit der S2 nach Bergedorf, Lift vorhanden

Abkürzung nach der Einkehr
Keine, S-Bahn ist vor Ort

Erweiterung
Eine Runde nach Friedrichsruh und zurück (4 km)

Dieses Mal suchen wir uns unseren Weg mehr auf der östlichen Seite der Bille durch Wälder und ursprüngliche Auen. In Aumühle angekommen, speisen wir hervorragend auf einer lauschigen Terrasse. Für einen »Nachschlag« können wir noch Friedrichsruh besuchen.

Durch Bergedorfs Zentrum zur Schulenbrooksbek Unsere Schlemmertour startet am S-Bahnhof Bergedorf. Auf dem östlichen Bahnhofsvorplatz fahren wir links und biegen an der folgenden Kreuzung in die Alte Holstenstraße ab, überqueren die Bille auf einer Brücke mit Blick auf das Bergedorfer Schloss. Kurz danach wird die Straße als Sachsentor zur Fußgängerzone, die zur großen Kreuzung Mohnhof führt. Wer da nicht durchschieben will, fährt kurz nach rechts und in die nächste Straße nach links Hinterm Graben ein. Am Ende der Straße fahren wir kurz nach rechts und an der Hauptstraße

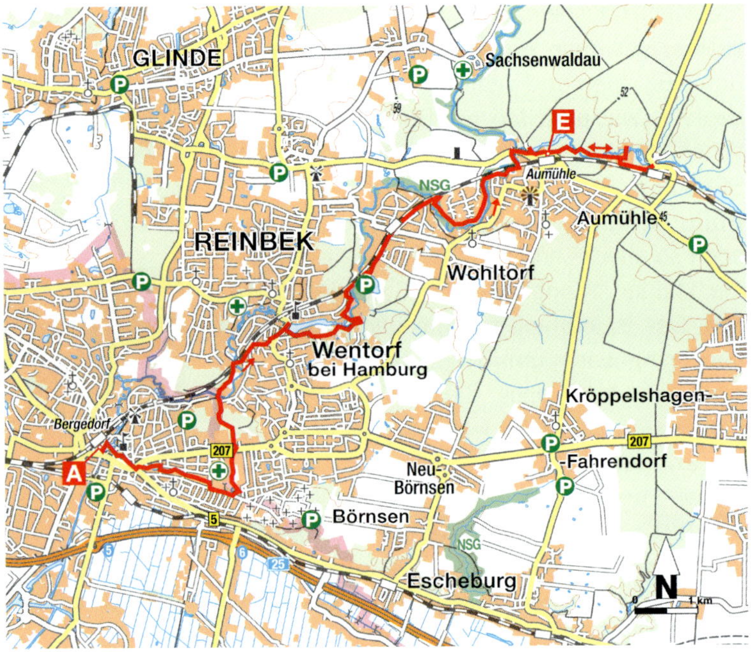

nach links: So kommen wir auch zur großen Kreuzung Mohnhof. Wir queren an der Fußgängerampel auf die gegenüberliegende Seite der Wentorfer Straße und biegen – etwas nach links versetzt – in die kurze Sackgasse Greves Garten ein. An deren Ende führt ein netter Weg mit zwei Drängelgittern zum Schulenbrooksweg, wo wir bis zur nächsten Ecke geradeaus

fortsetzen. Dort fahren wir rechts in den Möllers Kamp ein und nehmen nach 80 Metern den Parkweg nach links, begleitet von der Schulenbrooksbek auf der linken Seite. Jetzt sind wir in der Spur: Der Parkweg führt uns über zwei Straßen hinüber, an Kleingartengelände vorbei, und knickt am Ende nach rechts auf die August-Bebel-Straße. Hier fahren wir links und unmittelbar danach wieder nach links.

Links: Das wilde Billetal

Rechts: Der Vorplatz von Schloss Reinbek

Durchs Bergedorfer Gehölz Ein Weg über eine Brücke geht jetzt links ab und führt durch den Wald hoch. Wenn der Weg sich gabelt, bleiben wir rechts immer im Wald. Am Ende überqueren wir die Wentorfer Straße und schlüpfen gleich gegenüber wieder in den Wald. Erst nach dem Linksknick biegen wir an der Wegekreuzung rechts ab auf den gut hergerichteten Weg mit wassergebundener Decke, der jetzt ständig kurvig bergab zur Bille hinuntergeht. An einer Wegekreuzung bleiben wir, etwas nach rechts versetzt, immer geradeaus. Nach einem Linksknick des Weges im Tal kommt die Brücke über die Bille: ein urromantischer Ort!

TIPP

Wer nach der Mahlzeit noch etwas erleben möchte, kann noch eine Runde nach Friedrichsruh und zurück drehen (4 km).

Romantisches Brückchen über die Bille

Immer wieder die Bille Auf der anderen Seite der Brücke folgen wir dem Waldweg immer geradeaus. Wir queren wieder die Bille auf einer Brücke nahe den Bahngleisen. Dann kommen wir in die Bebauung zur Unteren Bahnstraße parallel zu den Gleisen. Die Straße knickt später nach rechts, heißt jetzt Am Haidberg und mündet in die Hauptstraße Reinbeker Weg, die wir links herunterfahren zum Mühlenteich. Gleich werden wir noch vor dem Teich nach rechts in die Straße Am Mühlenteich abbiegen.

Am Reinbeker Schloss Doch vorher nehmen wir uns die Zeit, einen Blick auf das gegenüberliegende Schloss zu werfen und eventuell auf den lauschigen Bänken im vorgelagerten Park eine kleine Pause mit Blick auf den Teich einzulegen. Im Schlossrestaurant könnten wir auch schon einen Kaffee oder gar mehr bestellen (Do–So ab 12 Uhr).

Ein wilder, schöner Waldweg Weiter geht unsere Tour also am Teich entlang, zwischen Villen die Straße hoch mit einem Rechtslinks-Knick. In einer weiteren Rechtskurve fahren wir nach links auf den Weg in den Wald hinein: ein romantischer, wilder Weg auf halber Höhe der Talkante, der jedoch umsichtiges Navigieren verlangt. Nach einem Einschnitt geht der Weg aufwärts und an der dann folgenden Wegekreuzung nehmen wir den Weg links hinunter zu einer Brücke über die Bille. Wieder haben wir wunderschöne Blicke ins Billetal. Aber Vorsicht beim Abwärtsfahren: gut abbremsen! Auf der anderen Seite führt uns der Weg in ein Villenviertel, in das wir nach rechts abbiegen.

Am Tonteich Am Ende der Straße geht es nach rechts auf einen Weg wieder parallel zu den Bahngleisen. Nach einem letzten Brückchen über die Bille geht es überraschend hoch zur Straße Am Tonteich mit seinem Naturbad, wo wir nach links immer geradeaus durchfahren.

In Wohltorf Wir passieren die S-Bahnstation Wohltorf, bleiben dann auf einem Weg rechts der Bahngleise, der uns immer geradeaus hinabführt zum nächsten Brückchen über die Bille. Vor uns liegt jetzt die Siedlung Krabbenkamp, die wir zusammen mit der Bille nach rechts auf einem naturnahen Weg in einem Halbkreis umgehen können. Wir bleiben auf diesem Weg zwischen uralten Bäumen, der mit der Bille vor den Bahngleisen einen Rechtsknick macht. Später geht unser

Eine Ruhebank am Reinbeker Mühlenteich

Weg zusammen mit der Bille doch noch unter den Gleisen hindurch. Jetzt geht der schmale Weg kurz die Talkante hoch. Unser Blick fällt auf eine große Wiese.

Der Mühlenteich in Aumühle Kurz danach endet der Weg an der Schöningstedter Straße, wo wir uns nach rechts und dann gleich die nächste Möglichkeit nach links in die Straße Am Mühlenteich wenden. Jetzt sind wir in Aumühle, unserem Zielgebiet. Wunderschön liegt dort der Mühlenteich. Es gibt hier verschiedene Restaurants. Gleich das erste – das Restaurant Fürst Bismarck Mühle mit seinem Balkon und dem

Garten auf der Rückseite des Gebäudes – ist unser Schlemmerziel. Nach unserer Einkehr müssen wir nur mit dem Weg zur Hauptstraße durchfahren und sehen dann gegenüber die Auffahrt zur S-Bahnstation Aumühle.

Nachschlag Wer noch nicht genug vom Radfahren hat, kann auf einem schönen Waldweg einen Ausflug nach Friedrichsruh machen (4 km): scheint wenig zu sein, dafür gibt es aber eine Menge zu sehen. Dazu fahren wir noch vor der Straße nach links in den Wald hinein. Man kann nichts verkehrt machen, weil die im-

Einladende Terrasse des Schlossrestaurants in Reinbek

mer wiederkehrenden Hinweisschilder der verschiedenen Lokalitäten in Friedrichsruh niemanden im Unklaren lassen. Nach kurzer Zeit gibt es die Auffahrt zum Museumslokschuppen. Sonntags ist das Gelände für Publikum geöffnet. Am Parkplatz in Friedrichsruh angekommen, fahren wir kurz nach rechts und wieder links und noch einmal links ums ummauerte Schlossgelände herum bis zur Durchgangsstraße. Hier gibt es das Bismarckmuseum (im Sommer Di–So 10–13 und 14–18 Uhr)). Von hier kehren wir zurück und halten uns am Parkplatz kurz geradeaus und kommen so zum Schmetterlingsgarten (Tropenhaus Mi–So 10–18 Uhr). Ob nun mit Besuch oder ohne: Wir kehren zum Abschluss auf dem gleichen, schönen Weg zurück.

Fürst Bismarck Mühle

Es klappert die Mühle am rauschenden Bach: Dieses alte Lied kommt einen in den Sinn, wenn man das erste Gebäude an der Straße Am Mühlenteich erreicht. Hier – am »Eingang« des Sachsenwaldes – ist die Schwarze Au zu einem romantischen Mühlenteich aufgestaut und fällt mit großem, beruhigendem Rauschen unterhalb des Gartens der Fürst Bismarck Mühle in ihr tief eingegrabenes Bett. Tatsächlich war hier früher eine Mühle, und einige Grundmauern des Restaurants stammen noch aus der Entstehungszeit von vor 650 Jahren.

Innen empfängt einen der freundliche Service und eine – wie der Hamburger sagt – gediegene Atmosphäre. Am schönsten jedoch ist es draußen auf dem Balkon und im Garten mit Blick auf den kleinen Wasserfall und den Wiesenhang mit den Ziegen auf der gegenüberliegenden Seite. Unser Essen war von überraschender Qualität: Nicht nur waren die Vorspeisen originell, sondern auch die klassische Kalbsleber optimal gebraten und die Ente knusprig. Spannend wird es dann im Sommer, was die große Kuchentheke für den Nachmittagskaffee hergeben wird.

www.bismarckmuehle.com · im Sommer Mo–Mi 15–23 Uhr, Fr–So 12–23 Uhr, Do Ruhetag

18

Ins Ländliche

Schlemmen in einem großen Landgasthof

Leicht | 42 km | 4,5 Std.

Tourencharakter
Leichte, etwas längere Tour. Im ersten Teil Bahntrassenweg mit einer kurzen Unterbrechung. Im zweiten Teil sind 7 km ein etwas unruhiger Waldweg

Ausgangspunkt
Bahnhof Oldesloe, Lift vorhanden

GPS-Daten
53.805448, 10.382660

Endpunkt
S-Bahnhof Aumühle, Lift vorhanden

Anfahrt
Mit R8, R80, R81 vom Hauptbahnhof, Fahrradtageskarte ist nötig.

Abkürzung nach der Einkehr
2,5 km zurück auf der Möllner Landstraße nach Trittau, dann rechts in die Vorburgstraße: Haltestelle der Linie 333 nach U-Steinfurther Allee. Der Bus nimmt Fahrräder mit, wenn genügend Platz.

Unsere Tour führt uns mit der Regionalbahn aus Hamburg heraus nach Bad Oldesloe. Genussvoll radeln wir lange auf einer Bahntrasse zu unserem Schlemmerziel. Ein Weg durch den Sachsenwald bringt uns nach Aumühle.

Der Genuss des Bahntrassenradelns Nach 25 Minuten Bahnfahrt vom Hamburger Hauptbahnhof wenden wir uns vor dem Bahnhofsgebäude links herunter. Vorsicht: Das letzte Stück ist Einbahnstraße. Unten überqueren wir vorsichtig die Hauptstraße zur gegenüber verlaufenden Straße Am Kurpark. Am Ende schwenkt die Straße in eine Links-Rechts-Kurve und führt uns auf den Bahndamm der ehemaligen Linie Oldesloe–Trittau. Jetzt genießen wir das ungestörte Rollen auf der Bahntrasse. Zwischen den Schatten spendenden Bäumen am Rand tun sich immer wieder schöne Ausblicke auf. So könnten wir unbekümmert und genießerisch 25 Kilometer rollen, wenn nicht in der Mitte eine Unterbrechung wäre, wo eine Lücke noch nicht geschlossen ist.

Der Mühlenteich in Aumühle

Großzügige Weiden rund um den Landgasthof Waldeslust

Unterbrochener Weg In Mollhagen zeigt der Radwegweiser (noch) nach rechts; wir folgen ihm und biegen dann zweimal links ab (Poststraße und Sprenger Weg). Außerhalb des Dorfes geht rechts die Trasse ab, die hier aber für 1 Kilometer nur ein Trampelpfad ist. Wer dazu keine Lust hat, fährt den Sprenger Weg weiter durch und an der Einmündung im Dorf Sprenge nach rechts. Die Trampelpfadnutzer fahren beim Treffen auf die Bahnhofsstraße etwas rechts versetzt in die Wohnstraße Haselweg zu einem kleinen Weg am Ende, der zum Wiederbeginn der hergerichteten Trasse an der Todendorfer Straße führt.

Wieder auf dem Radweg Jetzt ist es wieder einfach: Bis kurz vor Trittau geht es immer der Trasse nach. Ein Buchenwald mit Lichtinseln erfreut unser Auge. Nach der Vereinigung mit der Trasse Glinde–Trittau kommen wir an eine Straße und fahren etwas links versetzt in die Waldstraße (die Trasse ist hier später überbaut). Unmittelbar hinter einer Unterführung müssen wir links den schmalen Weg hoch wieder zum Bahndamm und ihm dann bis zum Ende an der Möllner Landstraße folgen. Hier fahren wir nach links auf den straßenbegleitenden Radweg bis zum Abzweig links nach Hamfelde (Stormarn). Nach wenigen Metern sehen wir schon die weiten Weiden, die unser Schlemmerziel Waldeslust umgeben.

Oben: Pausenbänke auf dem Bahntrassenweg Oldesloe-Trittau

Unten: Der Bahntrassenweg führt durch einen lichtdurchfluteten Buchenwald

An die Bille Für die Weiterfahrt fahren wir zurück auf der Möllner Landstraße, bis wir den nach links zeigenden Wegweiser Richtung Aumühle entdecken. Wir rollen jetzt auf einem verwunschenen Weg unterhalb des hier zugewachsenen Bahndamms und passieren das alte Bahnviadukt über die Bille. Am Ende dieses Weges biegen wir im Dorf Hamfelde (Lauenburg) nach rechts auf die Kreisstraße nach Kuddewörde ab. Am Dorfende tut sich ein herrlicher Radweg auf, der uns, von der Straße durch Büsche und Bäume getrennt, zum Ortseingang von Kuddewörde führt.

Durch den Sachsenwald Wir fahren auch über die kommende Kreuzung geradeaus weiter hinweg und missachten das gelbe Radwegzeichen, das uns später noch innerorts nach rechts weist. Erst außerhalb des Ortes am Waldrand biegen wir rechts auf einen breiten Weg ein, der mit einer Barriere versehen ist. Jetzt haben wir sieben zwar gerade, aber vom Untergrund auch unruhige Kilometer durch den Sachsenwald vor uns. Wenn wir ins Dunkel der Autobahnunterführung fahren: Vorsicht vor dem Kopfsteinpflaster! Es geht dann immer geradeaus durch herrlichen Buchenwald und am Ende kommen wir in einer Linkskurve – wiederum mit etwas Kopfsteinpflaster – in Aumühle an. Ein schöner Ort mit dem Mühlenteich und der hohen Staustufe, die wie ein Wasserfall rauscht. Gleich hinter der Fürst Bismarck Mühle biegen wir nach links ein und fahren – an weiteren Restaurants vorbei – an der Einmündung gegenüber die breite Rampe zum S-Bahnhof hoch.

Waldeslust

Erwarten Sie in diesem großen Landgasthof in Hamfelde bei Trittau keine Hochküche, sondern sehr gute sogenannte gutbürgerliche Küche – die allerdings in einer ungeheuer großen Vielfalt: Hier gibt es zum Beispiel Lammleber! Den wahren Schatz dieses Gasthofes sieht man schon bei der Anfahrt auf den sanft gewellten Wiesen und Weiden um den Gasthof herum: Unmengen von Enten, Gänsen, Hühnern, Damwild, Ziegen und Schafen weiden dort in natürlicher Umgebung. Weiter hinten sollen auch noch Gallowayrinder sein. Der Gasthof beschäftigt zwei Schlachter und verarbeitet fast nur eigene Tiere und das Wild, das in den nahen Wäldern geschossen wird. Die Worte natürlich – biologische Haltung und lokale Produkte – erschließen sich schon beim Blick auf diese schönen Wiesen. Neugierig betrachtete ich bei unserem Besuch die Gänse: Eine davon war bereits unsere; aber die Gans wusste noch nichts davon. Im November davor hatten wir schon einmal eine Gans dort, die von fast magischen, kenntnisreichen Händen am Tisch tranchiert wurde. Schön ist das Ambiente auch für Kinder, weil am Gasthof Automaten Futter auswerfen, mit denen sie Schafe oder Ziegen füttern können. Im Inneren ist der Gasthof traditionell eingerichtet – wie man Landgasthöfe so kennt. Der Service ist sehr zugewandt und ungewöhnlich schnell: Zeichen eines gut eingespielten Teams. Die neuen Betreiber (seit August 25) wollen das Konzept beibehalten und ggf. etwas erweitern. Beim Radfahren in dieser Gegend sollte man den Gasthof nicht verpassen.

www.waldeslust-hamfelde.de · Öffnungszeiten siehe Website

19 Vom Öjendorfer Park zur Glinder Au

Genüsslich speisen in Glinde

Leicht | 21 km | 2 Std.

Tourencharakter
Leichte Rundtour, nur kurze Zeit unebene Wege

Ausgangspunkt
U-Bahnhof Steinfurther Allee, Lift vorhanden

GPS-Daten
53.541231, 10.139234

Endpunkt
U-Bahnhof Steinfurther Allee

Anfahrt
Mit der U2 bis Steinfurther ' Allee, Lift vorhanden

Einkehr
Restaurant Heimathafen, heimathafen-glinde.de, Mittagstisch von 11.30–16 Uhr

Abkürzung nach der Einkehr
Die Dorfstraße durchfahren zum Glinder Marktplatz zur Haltestelle der Busse 133 und 333 nach Steinfurther Allee. Die Busse nehmen Fahrräder mit, soweit Platz vorhanden.

Diese Rundtour führt uns zu einem fantastischen Park mit Bademöglichkeit und in ein gemütliches Restaurant im alten Teil von Glinde. Die Glinder Au führt uns danach wieder zurück.

Auf verschlungenen Wegen zum Park Wir starten an der U-Bahnstation Steinfurther Allee und müssen uns auf versteckten Wegen zum Öjendorfer Park durchhangeln. Dazu wenden wir uns am Ausgang, der auf die An- und Abfahrtsbereiche der zahlreichen Busse führt, zur vorbeiführenden Möllner Landstraße, überqueren sie an der Fußgängerampel und fahren auf dem Radweg nach links. Nach kurzer Zeit – etwas versteckt – geht es rechts auf einem Durchlass zur Straße Heinrich-Schulte-Höhe. An deren Ende biegen wir links ein und dann in die zweite nach rechts, der Kampmoortwiete. In der Kehre führt uns ein Weg zwischen der Bebauung nach rechts und nach links, um uns abschließend wieder nach links im Mottetenstieg über des-

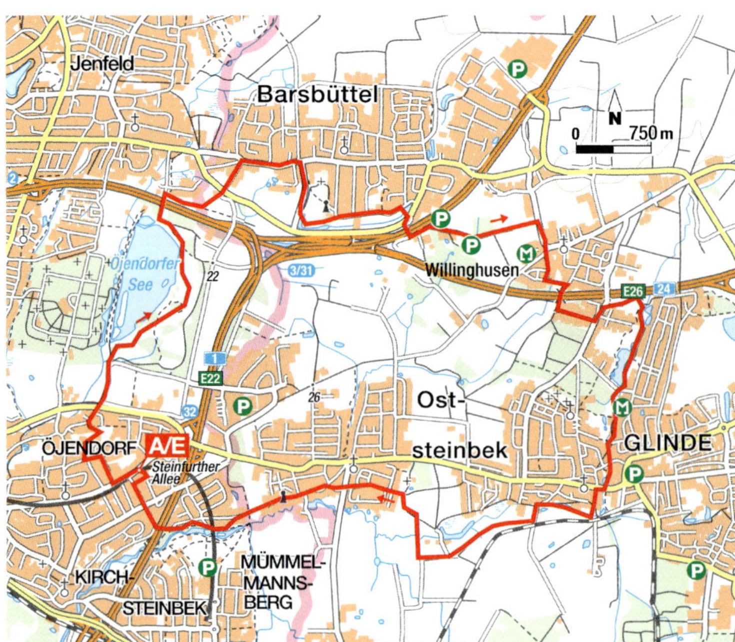

Tipp

Wer vom Essen und dem eventuellen Wein zu beschwert ist, kann abkürzen, indem er die Dorfstraße zu Ende fährt zur Haltestelle der Busse 133 und 333, die – wenn genug Platz vorhanden ist – Fahrräder mitnehmen und uns zurück zum Startpunkt bringen.

Bauminsel im Öjendorfer Park

sen Verlängerung Salomon-Petri-Stieg am Reinskamp landen zu lassen. Dort nach rechts geht es nach Querung der Glinder Straße auf den großen Öjendorfer Park zu.

Park mit Aussicht Wir fahren an einem Erdbeerfeld vorbei und später am Parkeingang nicht mit der Radwegweisung nach rechts, sondern geradeaus und erst kurz dahinter an einer Gabelung halbrechts hinauf zum südlichen Parkkiosk, der das ganze Jahr ab 10 Uhr geöffnet hat. Hier hat man schon eine wunderbare Aussicht auf die riesigen, gepflegten Freiflächen mit den schönen Bauminseln und dem See: eine Anmutung wie in den besten Landschaftsgärten englischer Schlösser! Etwas weiter links unten sehen wir eine Badestelle. Dieser Park wird viel genutzt, aber anscheinend auch bestens gepflegt. Wir

Der Glinder Mühlenteich im Friedericipark

genießen also unsere Fahrt durch den Park auf der rechten Seite des Sees und verlassen ihn wieder an der Nordseite auf dem Bruhnrögenredder.

Durch Kleingärten Wir überqueren die Autobahn und biegen an der ersten Möglichkeit in das Kleingartengelände nach rechts ab und unmittelbar darauf in den kleinen Weg nach rechts, der durch und um das Gelände herum führt. Kurze Zeit sind wir nun im Lärmbereich der Autobahn. Hinter einem Drängelgitter biegen wir links in den Blaumeisenweg ein, der uns quer durch

Der See im Öjendorfer Park

ein zweites Kleingartengelände zu seinem Ausgang führt. Die Straße Stübels bringt uns links nach wenigen Metern zur Hauptstraße, die wir überqueren zu einem gegenüberliegenden Weg, der uns in seiner Straßenverlängerung nach Barsbüttel mit seiner Hauptstraße führt. Hier fahren wir nach rechts 600 m auf dem Radweg und biegen dann nach rechts in die Straße Am Akku. Nach 400 m rollen wir nach links in die Straße Am Friedhof und tauchen unmittelbar danach nach rechts wieder ein ins Grün.

An der Barsbek Der Pfad biegt nach links. Später ist der bald kommende, geradeaus liegende Trampelpfad schwer befahrbar: Deswegen biegen wir wieder nach links zur Straße An der Barsbek, wo wir uns dann nach rechts wenden. Wenn rechts die kleine Baumidylle eines Regenrückhaltebeckens mit seinen Teichrosen auftaucht, nehmen wir den versteckten Pfad rechts um den Teich herum und kommen an der Kreisstraße 29 heraus. Etwas nach rechts versetzt rollen wir mal wieder auf eine Überführung über die Autobahn und biegen dahinter nach links ein.

Großflächige Weiden in Willinghusen

Am Forellenbach Ein schöner Weg – an einem Tennisclub vorbei – führt in ein Waldstück mit einem rechts liegenden alten Herrenhaus, lässt uns den Forellenbach überqueren und führt dann zwischen Feldern zur Barsbüttler Landstraße, wo wir nach rechts abbiegen. Am folgenden Straßendreieck fahren wir nach rechts und dann sofort wieder nach links. Am Ende wenden wir uns nach links, wo uns ein ländlicher Fußweg zwischen Wiesen und einer Weide zur Straße Am Tunnel bringt. Wir fahren hier rechts – unter der Autobahn hindurch – und die nächste Bei den Tannen links.

Zum Friedericipark An der Einmündung biegen wir links ab und fahren in der leichten Linkskurve der Straße nach rechts auf einen Pfad in ein Gehölz hinein, der uns geradezu zum Friederici Park führt. Vorsicht, wenn es abwärts geht: Hier gibt es kleine Sandnester! Am Ende lassen wir das kleine Brückchen links liegen und bleiben geradeaus auf dem nun breiten Parkweg, begleitet von der noch jungen Glinder Au.

An der Au Bis zu unserer Pause ist es jetzt nicht mehr weit. Dazu überqueren wir den Kupfermühlenweg, passieren die ehemalige Kupfermühle und folgen der Glinder Au 800 m erst am rechten, dann am linken Ufer. Wenn wir auf die Dorfstraße treffen, biegen wir auf ihr nach links ein und erreichen kurz danach unser Schlemmerziel, das Restaurant Heimathafen.

Zurück immer an der Au Wir rollen zurück zur Au und folgen ihr weiter. An der Möllner Landstraße fahren wir kurz nach rechts, überqueren an der kommenden Kreuzung die Fahrbahn und rollen in die Sackgasse Saalbergstraße hinein. Am Ende treffen wir wieder auf die Au und folgen ihrem Lauf auf einem Weg nach rechts. Am Havighorster Weg biegen wir nach links, überqueren die Au und nehmen – noch vor den Bahngleisen – den Wirtschaftsweg nach rechts. Hinter dem Gut Domhorst kommen wir zu einer Wegeinmündung, wo wir uns rechts halten. Es geht wieder zu einem Brückchen über die Au hinunter: eine

Versteckte Idylle in Barsbüttel

romantische Stelle! Aber Vorsicht: Es ist ein wenig unwegsam. Dahinter geht es wieder aufwärts, an einer Einmündung nach links und an der nächsten wiederum nach links. Der Weg wird zur Straße und geht am Friedhof vorbei. Wir überqueren die Stormarnstaße zur gegenüberliegenden Brückenstraße, an deren Ende wir links in die Uferstraße einbiegen. Wir bleiben geradeaus und biegen nicht nach rechts ab. Die Straße wird zum Weg hinüber zum breiteren Weg An der Glinder Au, der durch Kleingärten führt. Am Ende überqueren wir wieder einmal die Autobahn und biegen halbrechts in die Steinfurther Allee ein, die uns zum U-Bahnhof zurückbringt.

Heimathafen

Glinde hat in den Siebzigerjahren seinen Dorfcharakter fast gänzlich verloren. Gegenüber dem Gutsgelände wurde ein Einkaufszentrum im Stil des Brutalismus gebaut mit sehr großen Parkflächen. Das Bauernland und das zentrale Gut verschwanden zugunsten von Hochhäusern. Wir aber haben Glück: Unsere grüne Leitschnur – die Glinder Au – geleitet uns idyllisch und versteckt durch den Ort und führt uns direkt zur Dorfstraße, dem letzten Überbleibsel der dörflichen Struktur mit kleinen Gesindehäusern. Hier befindet sich unser schmuckes Schlemmerziel: das Restaurant Heimathafen. Die neuen Betreiber haben das Restaurant in einem der Gesindehäuser in ein Schmuckstück verwandelt, in das man gern einkehrt – zumal das Personal einen außerordentlich zugewendet empfängt. Es gibt eine Mittagstischkarte für kleines Geld, die wöchentlich wechselt. Richtig in Versuchung, das Portemonnaie weiter zu öffnen, führt einen allerdings die Tafel mit den Gerichten außerhalb der Karte, die dem Gast neben den Tisch gestellt wird. Aber auch die Einkehr vielleicht nur auf einen Cappuccino auf der Terrasse könnte eine schöne Unterbrechung unserer kleinen Tour sein.

heimathafen-glinde.de · täglich ab 11.30

20

Auf verschlungenen Wegen zum Gut

Café im Biohofladen

Leicht | 17 km | 2 Std.

Tourencharakter
Leichte Tour, fast durchgehend auf teilweise schmalen Fußwegen

Ausgangspunkt
Bahnhof Rahlstedt, Lift vorhanden

GPS-Daten
53.604769, 10.154153

Endpunkt
U-Bahnhof Hoisbüttel, Lift vorhanden

Anfahrt
Mit RB 81 vom Hauptbahnhof zum Bahnhof Rahlstedt, Fahrradtageskarte ist nötig.

Abkürzung nach der Einkehr
Keine

Diese Tour von Rahlstedt aus streift einige Naturschutzgebiete. Auf einem biologisch-dynamisch bewirtschafteten Gutshof kehren wir im Garten ein zu hausgemachtem Kuchen oder einem kleinen Imbiss mit Blick auf grüne Wiesen. Bäche begleiten uns auf der gesamten Tour.

Nach Rahlstedt Die Regionalbahn RB81 bringt uns vom Hauptbahnhof in 16 Minuten zu unserem Startpunkt Bahnhof Rahlstedt. Wir verlassen den Bahnsteig mit dem Lift in die Unterführung und schieben zweimal nach links daraus heraus. Wir landen in der verkehrsberuhigten Bahnhofsstraße und wenden uns zur Schweriner Straße (die zweite nach rechts). Dies ist eine Fußgängerzone. Hier rollern wir auf einer Pedale oder – je nach Andrang – schieben hindurch.

Ins Rahlstedter Gehölz An der Einmündung in die Rahlstedter Straße nehmen wir die Fußgängerampel und fahren in die

Der Lottbeker Stausse: eingebettet in eine Senke

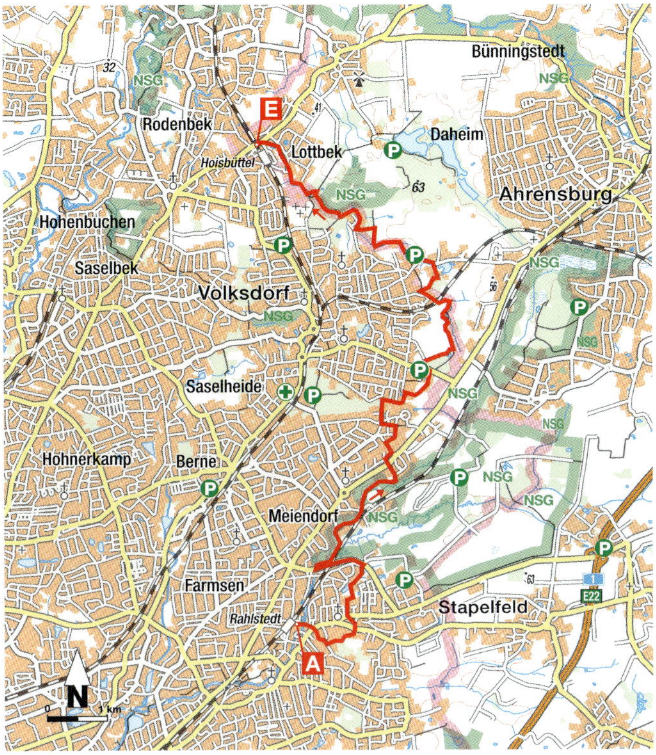

Tafel am Naturschutzgebiet Stellmoorer Tunneltal

gegenüberliegende Remstedtstraße. Im Bogen mit dem Soldatendenkmal halten wir uns nach rechts in den Wehlbrook und biegen gleich am Waldrand links in den Klettenstieg ein. Dem folgen wir am Schulgelände vorbei und halten uns an einer Wegeinmündung links, was uns zum Rahlstedter Dorfplatz führt. Hier wird es jetzt schon ländlich. Wir überqueren die Stapelfelder Straße, setzen im gegenüberliegenden kleinen Parkstück fort, um am Ende gegenüber in einen kleinen Weg zu rollen, der zwischen Schule und Bebauung zur Sieker Landstraße führt. Dann etwas links versetzt am Zebrastreifen können wir in den Pahlblöckensredder einbiegen. Mit Schwung fahren wir ihn mit seinem Rechtsknick ab und nehmen den nächsten Weg nach links. Wir kommen zu einem Weiher, fahren nach rechts über ein Brückchen und halten uns nun geradeaus. Der Weg wird ein Trampelpfad, der zur Straße Höltigbaum führt. Hier müssen wir auf der anderen Straßenseite nach links hinauf auf die Brücke über die Bahngleise und wieder hinunter.

Im Naturschutzgebiet Stellmoorer Tunneltal Am Ende der Brückenabfahrt geht rechts ein kleiner, anfangs gepflasterter Weg hinunter zur Wandse, die wir vor dem Bahndamm überqueren. Der Weg knickt nach links parallel zum Bahndamm ab. Jetzt

Rechts: Begeisternde Natur im Stellmoorer Tunneltal

sind wir im Stellmoorer Tunneltal. Der Stellmoorer Quellfluss ist links von uns in den saftigen Wiesen versteckt. Wir folgen diesem Weg mit seinem Links- und Rechtsknick und halten uns danach immer geradeaus bis zur Auffahrt der Tunneltalbrücke. Kurz schwenken wir nach links, um nach der Überquerung des Baches gleich wieder nach rechts auf einen lauschigen Weg einzubiegen. Ein Schild weist auf das Naturschutzgebiet hin. Wir folgen diesem superschönen Weg bis zu einer finalen Einmündung, wo wir nach links aus diesem Gebiet herausfahren. Wir überqueren die belebte Meiendorfer Straße und setzen gegenüber auf einem Weg fort, der uns zum Wildschwanbrook führt. Hier fahren wir rechts, am Helmesbergerweg links bis zu einem Grünstreifen, wo wir nach rechts wieder auf lauschige Wege abbiegen können. An einer Wegeeinmündung fahren wir nach links kurz auf die Ringstraße, um später nach rechts in den Mellenbergweg einzubiegen. Wenn dieser eine Kurve macht, geht es vorher scharf rechts in die Straße Langfeld, die zum Weg wird. Wir machen den Linksknick mit, fahren an einem Weiher vorbei und biegen rechts in den Weg Im Meienthun, der an der Eulenkrugstraße endet.

Kleiner Weiher am Rande von Volksdorf

Der Grenzfluss Moorbek Etwas links versetzt fahren wir geradeaus in die Straße Tonradsmoor, wo es kurz danach rechts auf einen Feldweg geht. Am Hinweisschild auf das Naturdenkmal Kiebitzmoor biegen wir links ein. Jetzt folgt unser Weg dem gewundenen Lauf der Moorbek, die uns eine ganze Weile begleiten wird. Das Bächlein ist über weite Strecken die Grenze zwischen Hamburg und Schleswig-Holstein. Der Weg führt uns zur Unterführung der Hochbahn, wo wir gleich wieder nach rechts unseren Weg an der Moorbek suchen. Einen kleinen Weiher lassen wir rechts liegen.

Ein malerisches Gut Unser Einkehrziel ist das biologisch-dynamisch bewirtschaftete Gut Wulfsdorf mit seinem Hofladen-Café. Dazu biegen wir am ersten Brückchen über die Moorbek nach rechts ab auf einen Weg, der uns direkt zum Gut führt. Dort angekommen, fahren wir links über das Gut Richtung Straßenseite, wo wir dann wiederum links den Hofladen mit seinem Café sehen. Nach der Pause fahren wir zum Bornkampsweg

vor, biegen links ein und nehmen nach der Überquerung der Moorbek den Waldweg nach rechts. Der Weg führt uns um ein Freibad herum, wo wir vor einem Linksknick die Moorbek wieder einmal überqueren. An einer Wegeteilung nehmen wir den rechten Zweig, weil der linke an der Moorbek schwer zu befahren ist. Bei der nächsten Gelegenheit aber geht es wieder links. Wieder überqueren wir die Moorbek, halten uns dahinter rechts und lassen uns wieder vom Bächlein leiten. Wir fahren mit dem Bächlein in einem Bogen um die Bebauung der Rittmeisterkoppel herum.

Der romantische Lottbeker Stausee An einer Wegekreuzung haben wir die Wahl, links oder rechts vom Bach fortzusetzen. Wir nehmen die rechte Seite und fahren dazu rechts und gleich wie-

Idylle am Lottbeker Stausee

der links. Jetzt wir es noch idyllischer! Wir kommen zum Lottbeker Stausee. Wahrscheinlich wartet schon ein Reiher auf uns! Am Ende dieses länglichen Kleinods fahren wir weiter geradeaus am Bach entlang, der merkwürdigerweise jetzt nicht mehr Moorbek, sondern Lottbek heißt. Wir folgen diesem schönen Weg – immer mit der Lottbek auf der linken Seite – bis zur Einmündung an einem Ärztehaus in die Hamburger Straße. Jetzt sind es nur noch wenige Meter nach links zu unserem Ziel, der U-Bahnhaltestelle Hoisbüttel.

Gut Wulfsdorf

Dieses Gut liegt direkt jenseits der östlichen Stadtgrenze Hamburgs in idyllischer Landschaft. Es wird nach biologisch-dynamischen Prinzipien bewirtschaftet und bietet auch allerlei Veranstaltungen an. Unser Einkehrziel ist das Hofladen-Café mit seinen schönen Gartenplätzen. Das passt sehr gut zu unserer Tour durch Naturschutzgebiete. Der Kuchen ist handwerklich gemacht, der Kaffee aus fairem Handel; ein kleines Imbissangebot rundet die Palette ab. Schön für mitradelnde Kinder, dass es neben dem kleinen Spielplatz auch die Möglichkeit zu einer Hofbesichtigung gibt. Direkt vor dem Hofladen ist der Selbstpflück-Blumengarten.

www.gutwulfsdorf.de · Hofladen-Café: Mo–Fr 9–18.30 Uhr, Sa 8–16 Uhr

21

Leicht | 26 km | 2,5 Std.

Tourencharakter
Leichte Rundtour auf Wirtschaftswegen, Park- und Kleingartenwegen, zum Teil am Bach; in der Boberger Niederung etwas uneben. Ein Anstieg zum Schluss auf den Geestrand. Für Rennräder nicht geeignet

Ausgangspunkt
U-Bahnhof Mümmelmannsberg, Lift vorhanden

GPS-Daten
53.528204, 10.150284

Endpunkt
U-Bahnhof Mümmelmannsberg

Anfahrt
Mit der U2 zur Endstation Mümmelmannsberg

Abkürzung vor der Einkehr
Ohne die Runde um den Segelflugplatz beim Erreichen der Straße Boberger Furt nach links abbiegen zum Dorfkrug

Wo die Segelflieger starten

In ein einzigartiges Naturschutzgebiet

Auf dieser Rundtour bekommen wir vieles zu sehen: die sanft gewellte Feldmark Havighorsts, das ursprüngliche Billetal, die hübsche Innenstadt Bergedorfs mit seinem Schloss und die Boberger Niederung mit einer überraschenden Vielfalt an geschützten Naturräumen.

Aus dem Getümmel in die Einsamkeit Wenn wir an der U-Bahnstation Mümmelmannsberg mit dem Fahrstuhl an die Oberfläche gelangen, sind wir mitten im quirligen Leben. Aber kaum sind wir an der nächsten Möglichkeit links in den breiten Fußweg Hirtenstieg abgebogen und ihn heruntergerollt, ist man in einer anderen Welt. Beim Blick durch die Baumreihe beginnt abrupt ruhige, wellige Agrarlandschaft mit weiten Blicken über die Felder, ab und zu unterbrochen durch Waldstücke. Am Ende des Hirtenstieges biegen wir nach rechts ab und am Ende des Weges in den Steinbeker

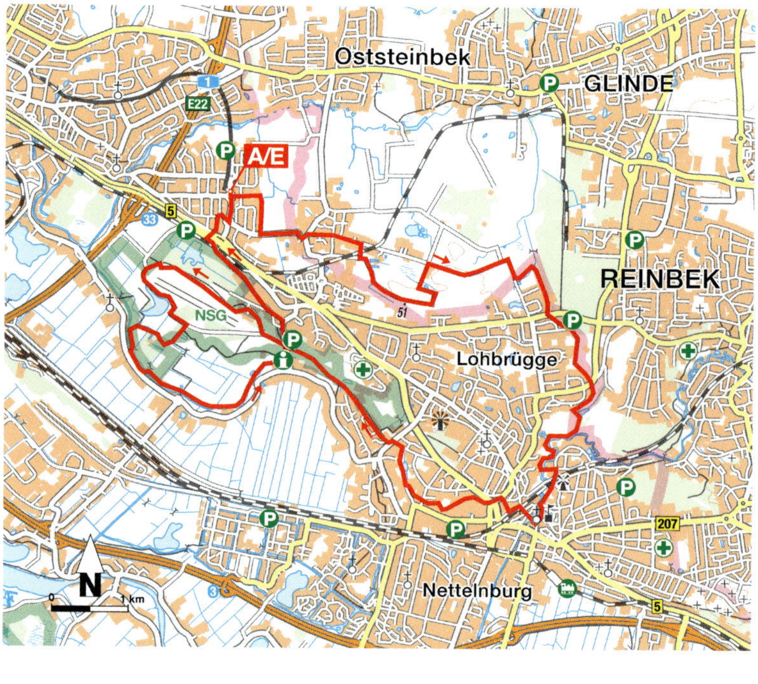

Grenzdamm links ein, der uns nach Havighorst bringt, dem ersten Dorf hinter der Stadtgrenze. An der Einmündung halten wir uns links und dann gleich wieder rechts in die Ziegeleistraße. Für den Naturgenuss machen wir einen kleinen Umweg und biegen an der dritten Straße (Am Ohlendiek) nach rechts ab.

Gute Aussichten am Segelflugplatz

Durch die Felder, durch die Auen An der folgenden Einmündung nach links folgen wir diesem kurvigen Wirtschaftsweg durch die Agrarlandschaft. An einer folgenden Einmündung biegen wir auch nach links und kommen zurück zur Ziegeleistraße, in die wir rechts einbiegen. Große Felder mit Knicks und Pferdeweiden säumen unseren Weg. An der ersten Möglichkeit nach rechts folgen wir einem Weg bis hinter eine S-Kurve und fahren dann nach links auf einen hergerichteten Fußweg in eine Kleingartenanlage. Am Waldrand knickt er nach rechts ab und führt uns später zum Reinbeker Redder, den wir überqueren, um direkt gegenüber am Waldrand weiterzufahren.

Boberger Niederung

»Die Boberger Niederung ist in ihrer Vielfalt und Unterschiedlichkeit an Biotoptypen einmalig auf Hamburger Stadtgebiet und als ein solch relativ kleines Naturschutzgebiet von 350 Hektar wohl auch für ganz Deutschland. Auf engstem Raum harmonieren hier miteinander Binnendünen und Heiden, Bruch- und Laubwälder, Moor und Wasserflächen, Röhrichte, Weide- und Brachflächen oder die Orchideenterrassen des Geesthangs. Im Wesentlichen sind es fünf charakteristische Naturräume, die - jeder für sich - eine eigene auf den jeweiligen Bodentyp spezialisierte Pflanzenwelt beherbergen.«
Quelle: www.hamburg.de/boberger-niederung

Im Tal der Bille Gemächlich abwärts geht es dem Billetal entgegen. Am Spielplatz folgen wir dem geteerten Weg nach links, überqueren den Binnenfeldredder an einer Ampel und fahren am Rand der Bebauung dann nach 500 Metern links hinunter, überqueren neben einem Weiher ein Bächlein und biegen dahinter nach rechts ab – weiter abwärts –, was uns zum Billeradweg führt. Wir fahren auf dem Billeradweg nach rechts und folgen der Bille in einem Bogen bis zu einer breiten Brücke, die links hinüber zur Chrysanderstraße führt. In die biegen wir rechts ein, unterqueren die Bahngleise, folgen dem Weg am Ufer (Schillerufer), der weiter geradeaus über ein Holzbrückchen auf die Schlossinsel führt.

Das Schloss in Bergedorf

Durchs schöne Zentrum Bergedorfs Der Weg – später gepflastert – führt zum Vorplatz der Fachwerkkirche St. Petri und Pauli. Dort nach rechts genießen wir die Ausblicke von der Billebrücke und am Kiosk vielleicht einen Eisbecher, unterqueren weiter hinten die Bahnbrücken und biegen sofort dahinter auf den Fußweg nach links ab. Kurz danach, an einer Straßenkehre, fahren wir rechts hinauf, biegen zweimal hintereinander links ab, überqueren die große Kreuzung Bergedorfer Straße und können dann gleich wieder rechts ans Grün der Bille abbiegen.

Die Bille wird zum Bächlein Die Bille ist jetzt nur noch ein kleiner Bach, weil in Bergedorf das meiste Wasser in den Schleusenkanal geleitet wird für eine schiffbare Verbindung zur Dove Elbe. Aber ein schöner Weg, immer begleitet von der Bille, nun meist auf der linken Seite, führt uns an Kleingärten entlang. Wir kreuzen den Heckkatenweg und überqueren später hinter einem Teich die Bille auf einer Holzbrücke. Kurz danach kommen wir zum Ladenbeker Furtweg und verlassen jetzt das Flüsschen.

Im einzigartigen Naturschutzgebiet Boberger Niederung Etwas nach rechts versetzt folgen wir gegenüber einem Weg

TIPP

In direkter Nachbarschaft zur Tavernetta liegt das Naturinformationszentrum Boberger Dünenhaus. Die dortige Ausstellung informiert über die Besonderheiten der Boberger Niederung (www.loki-schmidt-stiftung.de/boberg, Öffnungszeiten s. Homepage).

zwischen Tennisplätzen ins Naturschutzgebiet Boberger Niederung. Diese Niederung kann ich gar nicht genug preisen. Teilweise wähnt man sich im Dünengürtel der dänischen Nordseeküste. Erst einmal rollen wir immer geradeaus auf unserem Weg am Fuße des Geesthanges, überqueren nach einem Parkplatz die Straße Boberger Furt und folgen dem gegenüberliegenden Sträßlein bis zu einer Wegekreuzung, wo uns ein Holzschild nach rechts auf den Rundweg um den

Pferdeweiden bei Havighorst

Segelflugplatz weist. An einer Gabelung halten wir uns links und fahren später auf einer Asphaltstraße nach links auf die Betriebsgebäude des AeroClubs zu.

Um den Segelflugplatz Vorzugsweise am Wochenende ist hier reger Flugbetrieb. Hinter dem letzten Gebäude – an einer Kaffeeklappe vorbei – biegen wir rechts ab auf den Rundweg entlang der Zaunmarkierung. Ein sehr schöner Weg mit Blick auf die weite Wiese des Flugfeldes und nach rechts auch noch auf Dünenlandschaft. Ein Sandnest von 3 Metern Breite müssen wir wahrscheinlich schiebend durchqueren. Aber danach wird der Weg wieder fest. Wir kommen zu einem asphaltierten Parcours, dem wir nach links folgen, gesäumt von knorrigen Baumreihen. Den kommenden Badesee können wir links oder rechts passieren. Ich schlage an der Gabelung nach links vor.

500 Meter nach einem kleinen Strand biegen wir von diesem Hauptweg am Wegweiser zum Mittleren Landweg nach rechts ab. In einer S-Kurve zeigt der Radwegweiser zwar nach links; wir aber bleiben auf dem Weg mit seiner nun kommenden Rechtskurve und biegen erst an der nächsten Wegeinmündung nach links ab. 100 Meter später erreichen wir einen der schönsten Wanderwege Hamburgs, den Billewanderweg.

Wieder am Billewanderweg Hier sind wir wieder auf einem wunderbar hergerichteten, breiten Parcours, dem wir nach links folgen. Dieser Wanderweg gehört zu meinen Favoriten in Hamburg – besonders, wenn im Vorsommer die gelben Wasserlilien blühen. Wenn wir später wieder auf die Straße Boberger Furt treffen, liegt ein paar Meter nach rechts unser heutiges Schlemmerziel, der Dorfkrug Boberg. Nach der Einkehr wenden wir uns nach links und fahren für die restlichen 3 Kilometer die Boberger Furt hinauf. Auf halber Höhe biegen wir links in die

Das naturbelassene, wilde Billetal

Straße Weidemoor ab, an einer Gabelung bleiben wir rechts auf dem Unterberg, der zum Weg wird und am Achtermoor vorbeiführt. Wir queren später einen gepflasterten Radweg und fahren hoch zur Unterführung der B5. Hinter der Unterführung sind wir schon im Zielgebiet: nach rechts mit der Straße bis zur Einmündung, dort nach rechts und am Kreisel nach links. So kommen wir schnell wieder zur U-Bahnstation.

TRATTORIA
LA TAVERNETTA

La Tavernetta Der Dorfkrug Boberg heißt jetzt La Tavernetta und befindet sich in einem alten, geduckten Fachwerkhaus am Ende der Straße Boberger Furt – direkt an der Bille mit ihrem Wanderweg. Innen ist es heimelig und nostalgisch. Es gibt einen kleinen Garten, wo man gemütlich und sichtgeschützt sitzt.

In der Tavernetta wird man sehr herzlich von einem indischen Ehepaar empfangen, die jetzt das Restaurant leiten. Der Koch hat viel in Italien gearbeitet, sodass die Ausrichtung auf mediterrane Speisen nur folgerichtig ist. Ergänzt wird die Speisekarte durch die Highlights der indischen Küche. Aber auch die Liebhaber der traditionellen deutschen Küche gehen hier nicht leer aus: hier wird jeder mit seinem Lieblingsgericht fündig. Besonders gut hat mir die tagesaktuelle Tapaskarte gefallen.

Dazu gibt es auch einen preiswerten Mittagstisch.

www.dorfkrug-boberg.de
instagram: latavernettahamburg.
Di-Fr 12-14.30 Uhr und ab 17 Uhr
Sa und So ab 12 Uhr

Im Norden

In den Knicks an der Pinnau, TOUR 23 (o. li.); Pferdeweiden, TOUR 23 (o. re.); Herbst im Duvenstedter Brook, TOUR 25 (u. re.); der Weiher im Eppendorfer Moor, TOUR 22 (u. li.).

22 An Bächen nach Langenhorn

Schlemmen in mediterranem Garten

Leicht | 28 km | 3 Std.

Tourencharakter
Leichte Tour, meist auf Parkwegen und an Bächen. Am Bornbach ein Abschnitt recht schmal

Ausgangspunkt
U-Bahnhof Hagenbecks Tierpark

GPS-Daten
53.593462, 9.944164

Endpunkt
U- und S-Bahnhof Ohlsdorf, Lifte vorhanden

Anfahrt
Mit der U2 zur Station Hagenbecks Tierpark, Lift vorhanden

Abkürzung nach der Einkehr
An der Straße Immenhöven statt nach links nach rechts fahren zur U-Bahnstation Langenhorn-Nord (500 m)

Auf versteckten Wegen fahren wir im Grünen entlang der Kollau, der Tarpenbek, dem Bornbach und dem Raakmoorgraben nach Langenhorn und schlemmen im Restaurant Wattkorn. Durch verschiedene Parks kommen wir zum Endpunkt U- und S-Bahn Ohlsdorf.

An Kollau und Tarpenbek Wir starten an der U-Bahnstation Hagenbecks Tierpark und fahren von hier abgehend die Lokstedter Grenzstraße geradeaus hinunter, die in der Verlängerung Deelwisch heißt. In der Sackgasse am Ende treffen wir unter der Güterverbindungsbahn hindurch auf die Kollau und fahren den kleinen, populären Uferweg nach rechts. Hier ist Anfang 2020 ein weiterer Abschnitt der Kollau wunderschön renaturiert worden. Nach der Überquerung zweier Straßen kommen wir zur Mündung der Kollau in die Tarpenbek und biegen hier nach Überquerung eines Brückchens nach rechts ab. Wir folgen dem schmalen Weg an der Tarpenbek bis zur großen Rosenbrookbrücke und fahren direkt davor auf Straßenniveau hoch. Hinter der großen Kreuzung links liegt der Zugang zum Eppendorfer Moor.

Im Eppendorfer Moor

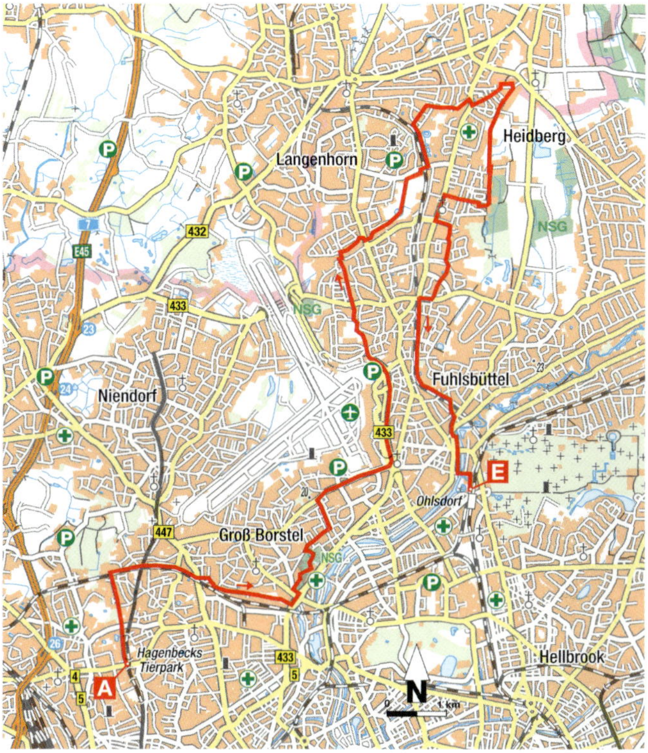

Verschwenderische Natur am Straßenrand

Durchs Eppendorfer Moor in Kleingärten Das Eppendorfer Moor ist ein unerwartetes Kleinod neben einer der Hauptverkehrsachsen Hamburgs. Egal, ob wir den zentralen Weiher in der Mitte links oder rechts herum umfahren, wir müssen am schräg gegenüberliegenden Ende wieder aus dem Moor herausfahren auf den Weg Nr. 173 nach rechts. Wir sind jetzt in einem großen Kleingartengebiet. Nach der Überquerung des asphaltierten Katharina-Jacob-Wegs biegen wir in den zweiten Weg nach links ein – ein Abschnitt des grünen Rings. Mit zwei leichten Versetzungen führt uns die Radwegweisung zum Weg Beim Jäger, wo wir jetzt rechts nach 1,4 Kilometern zur großen Kreuzung mit der Zeppelinstraße kommen.

Am Flughafen Etwas umständlich überqueren wir das Gewirr an Fußgängerampeln und tauchen auf der gegenüberliegenden Seite nach links wieder ein ins Grün, perfekt abgeschirmt von der Schnellstraße durch eine üppig begrünte Schallschutzwand. Wir sind jetzt auf dem schönen Weg rund um das große Flughafengelände. Wenn der Weg hinter der einen Einflugschneise sich nach links wendet, fahren wir mit der Radwegweisung halb rechts durch das Sträßchen Kniep in Wiesen hinein (Hamburger Freizeitroute 12): ein sehr schöner, 2 Kilometer langer

Rechts: Viel Platz an der Straße Immenhöven

Abschnitt, der zum Bornbach führt. Und hier geht es nach rechts idyllisch weiter am Bach entlang.

Am Bornbach Kurz nachdem wir die Langenhorner Chaussee überquert haben, stehen wir vor einer Entscheidung: Wir können links über das Brückchen fahren und den superschmalen und schönen Weg auf der linken Seite des Baches nehmen oder den bequemeren Weg, der etwas nach rechts versetzt und dann immer geradeaus durch ein Kleingartengebiet führt. Wenn wir auf eine Querstraße treffen, sind beide Wege schon wieder vereint und wir folgen weiter dem Bach auf seiner rechten Seite. Am Ende an einem Querweg biegen wir links über ein Brückchen und kommen zum Neuberger Weg. Kurz nach rechts und unter der U-Bahn hindurch geht unser Weg links weiter am Bach und parallel zum Bahndamm. Auf dem Vorplatz der U-Bahnstation Kiwittsmoor biegt der Bach – und damit auch unser Weg – nach rechts ab. Nach der Querung zweier kleiner Straßen dürfen wir uns nicht vertun: um am Bornbach zu bleiben, müssen wir mit dem Bach nach rechts. Geradeaus ist nur ein Zulauf zum Bornbach. Wir queren die Straße Kiwittsmoor und die Tangstedter Landstraße mit einem weiteren Weiher und setzen rechts vom Bach unseren Weg fort.

In den Kleingärten blühende Idyllen

Zum Raakmoor An einer finalen Wegeinmündung verabschieden wir uns vom Bornbach, fahren rechts und an der nächsten Möglichkeit wieder rechts in den Jersbeker Weg. Die Straße immer geradeaus wird in der Verlängerung ein Parkweg. Nach der Querung der Straße Hattsmoor werden wir vom Raakmoorgraben auf der rechten Seite begleitet. Nach 700 Metern (kurz vor dem Raakmoorweiher) sehen wir rechts ein Brückchen über den Graben zum hier ringförmigen Harnacksweg, dem wir bis zur Einmündung in die Tangstedter Landstraße folgen. Wenige Meter nach links liegt unser Schlemmerziel Restaurant Wattkorn. Wer nach der Einkehr genug vom Radeln hat, kann nach 500 Metern die U-Bahnstation Langenhorn-Nord erreichen, indem er die Straße weiter runterfährt und rechts in den Immenhöven abbiegt.

Auf Parkwegen ins Alstertal Alle mit noch Appetit aufs Radeln biegen in den Immenhöven links ein: eine wunderschöne Straße mit einem sehr breiten grünen Mittelstreifen. An dessen Ende nach rechts in die Fritz-Schumacher-Allee, die am Wördenmoorweg in einer überdimensionierten, verkehrsarmen Kreuzung mündet. Glücklich ein Stadtteil, der so viel Platz und verschwenderisches Grün hat. Gegenüber biegen wir halb rechts in einen Parkweg ein, der – später von Bebauung begleitet – durchgeht bis zum (Straßen-)Ring 3, der in diesem Abschnitt Gehlengraben heißt. Kurz wenden wir uns nach rechts, um vor der U-Bahnstation die Straße zu überqueren auf einen schönen Weg parallel zum Graben mit der U-Bahntrasse. Dieser Weg führt sehr weit – an U-Bahn Fuhlsbüttel-Nord vorbei –

Weiher mit Seerosen an der Tangstedter Landstraße

fast bis zur U-Bahnstation Fuhlsbüttel. Am Ende des Weges biegen wir links ab, dann sofort nach rechts in den Lupinenkamp, um am Ende nach rechts an der U-Bahnstation vorbei hinunter zur Hummelsbüttler Landstraße zu kommen. Dort fahren wir rechts bis zur Unterführung, die uns als letztes Highlight noch kurz ins Alstertal bringt. Rechts herum fahren wir dort unter der Ratsmühlendammbrücke hindurch, zur Straße hoch am empfehlenswerten Café Das Kaffeehaus, biegen in den Woermannsweg links ein, an dessen Ende wir nach links über die Brücke und dann rechts in die Straße Im Grünen Grunde fahren und somit gleich an der U- und S-Bahnstation Ohlsdorf angelangt sind.

Hotel-Restaurant Wattkorn

Das Haus liegt etwas abseits im Norden von Hamburg im Stadtteil Langenhorn an der Tangstedter Landstraße: ein altes, reetgedecktes Haus mit einem zauberhaft hergerichteten Garten in mediterraner Anmutung. Dort bei schönem Wetter zu sitzen ist ein Genuss. Es gibt preiswerte Mittagsgerichte, aber auch etwas aufwärts im Preis ist einiges dabei. Diese Mittagsteller finde ich durch die Bank sehr gut. Ich hatte das Mittagsmenü (drei Gänge) gewählt und konnte sogar den Hauptgang austauschen gegen einen Teller, der mich anguckte. Auf dem Teller dann noch dekorative Pasten und Saucen und alles sehr lecker: kleine Geschmackssensationen! Mit der Vorspeise und dem Nachtisch war das sehr empfehlenswert! Für alle Radelnden im Norden Hamburgs ist das Wattkorn eine wunderbare Adresse zur Einkehr. Und sollte es doch einmal ein Glas des Weines zu viel geworden sein und das Weiterradeln schwerfallen: In 500 Metern Entfernung ist eine U-Bahnstation!

www.wattkorn.de · tägl. 12–22 Uhr

23 In den Knicks

Zu einem ehemaligen Gut mit Wassermühle

Leicht | 27 km | 3 Std.

Tourencharakter
Leichte Tour auf Parkwegen und kleinsten Straßen

Ausgangspunkt
U-Bahnhof Hagenbecks Tierpark, Lift vorhanden

GPS-Daten
53.593462, 9.944164

Endpunkt
S-Bahnhof Pinneberg, ebenerdig

Anfahrt
Mit der U2 zur Station Hagenbecks Tierpark

Abkürzung nach der Einkehr
Keine

Diese schöne Tour auf bequemen, grünen Wegen aus Hamburg heraus nach Norden führt uns in schönste holsteinische Knicklandschaft. Nach unserer Pause im Ausflugslokal Wulfsmühle leitet uns die Pinnau zur S-Bahn nach Pinneberg.

Auf dem Kollauwanderweg An der U-Bahnstation Hagenbecks Tierpark fahren wir in den Lokstedter Grenzdamm, fahren ihn auch noch nach dem Kreisel in seiner Verlängerung Deelwisch ganz hinunter bis zur Sackgasse vor der Güterumgehungsbahn. Dort treffen wir auf den Kollauwanderweg, dem wir nach links am Rande des Wäldchens Niendorfer Gehege folgen. Die Kollau ist in den vergangenen Jahren wunderschön

Auf dem Kollauwanderweg

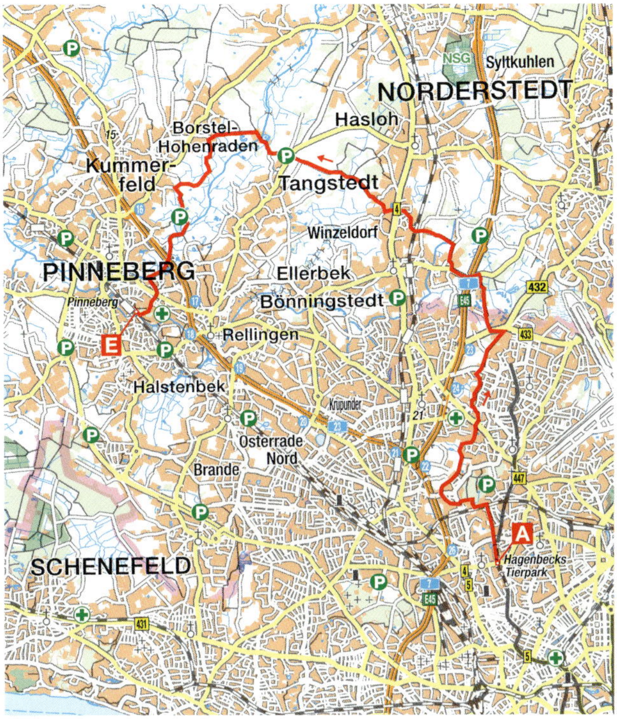

Staustufe der Pinnau an der Wulfsmühle

renaturiert worden: Es sind zusätzliche Mäander, kleine Stromschnellen und flache, bei Hochwasser überspülte Uferränder hergestellt worden. Nicht zuletzt deswegen müssen wir uns nach Querung der kleinen Brücke, die bald kommt, auch kurz vom Flüsschen entfernen – hinter der Brücke links auf einem neu hergerichteten Weg und an der dann folgenden Wegekreuzung links haltend. An der Vogt-Kölln-Straße sind wir wieder mit der Kollau vereint und folgen ihr jetzt für lange Zeit auf dem Kollauwanderweg, ein beliebter und schöner Weg immer im Grünen. Hinter einer großen Pferdekoppel lockt das Grasdach des Waldcafés Corell zu einer Kaffeepause.

Auf grünen Wegen zur nördlichen Stadtgrenze Nach der Querung der Friedrich-Ebert-Straße und später der Wendlohstraße fahren wir an der Gabelung des Weges rechts. Die Beschilderung leitet uns vor dem unmittelbar folgenden Brückchen links, rechter Hand begleitet vom Viehlohgraben. Am zweiten Pfad links biegen wir ein – weiter mit dem Bach auf der rechten Seite – und kommen, den Viehlohweg querend, zu einem Waldstück und überqueren später den Wagrierweg. Bei Kilometer 9 – wenn wir schon die Lärmschutzwand am Swebenweg sehen – biegen wir nach links und kommen zum Ring 3 Oldesloer Straße, die wir links fahrend an der nächsten Ampel überqueren.

Ruhige Straße und ein Golfplatz Schon sind wir gegenüber wieder auf einer ruhigen Straße im Grünen, die uns an einem Golfplatz vorbeiführt. Bei der Einmündung in die Kreisstraße biegen wir auf den Radweg links ab, um über die Autobahn A7 zu kommen. Gleich die Nächste rechts führt uns wieder in die Ruhe. An der Gabelung halten wir uns rechts. Die Zweite nach links (Rabenhorst) dann lässt uns die Mühlenau und die AKN-Gleise überqueren. Einen Ortsteil Bönningstedts durchfahren wir nach rechts in einem Halbrund, überqueren die B4 zur gegenüberliegenden Straße und fahren an einer Teilung nach rechts in den Wulfsmühlenweg. Eine schöne Strecke erwartet uns.

Betonplattenweg im Pinnautal

Durch friedliche Knicklandschaft Nach 3 Kilometern überqueren wir die Hasloher Chaussee und fahren gegenüber etwas nach rechts versetzt auf der Straße Siebendörfer Weg auf unser Schlemmerziel zu. Unser Restaurant befindet sich hinter der romantischen Holzbrücke über die Pinnau auf der rechten Seite. Nach unserer Pause haben wir noch sehr schöne 8 Kilometer vor uns, von der Pinnau zuerst aus der Ferne begleitet, später aus der Nähe.

Der Mühlenteich an der Wulfsmühle

An der Pinnau Wir setzen unsere Fahrt fort, biegen aber nach wenigen Metern nach links in den Mühlenweg ab und nehmen an zwei Straßenteilungen immer den linken Zweig. Jetzt sind wir auf einem schönen Betonplattenweg, der uns ins Dörfchen Borstel-Hohenraden bringt, wo wir an der Einmündung nach links fahren. Der Weg führt zum Wolnysee, den wir an seiner linken Seite umfahren, wo wir auf die Pinnau mit ihrem Wanderweg treffen. Wir fahren mit dem Flüsschen nach Pinneberg hinein und verlassen es am Ende des Weges an der Hindenburgstraße nach links. Am Ende überqueren wir nach rechts lenkend die Straße Damm zu einem kleinen Parkstück, wo danach der Weg am Hotel Cap Polonia vorbei in den Stadtwald geht. Ohne Abbiegen führt uns dieser Weg direkt auf den Bahnhofsvorplatz.

Restaurant Gut Wulfsmühle

Das Restaurant liegt auf dem historischen Gut Wulfsmühle, das heute ein Golfclub ist. Dieses Fachwerkensemble an der Pinnau mit alter Wassermühle samt Mühlenteich liegt wunderschön eingebettet in die holsteinische Knicklandschaft. Im Clubhaus befindet sich das große Restaurant mit seiner Terrasse, die von üppigem Grün und blühenden Hortensien umgeben ist. Hier fühlt man sich sofort wohl.Der sehr freundliche Service erwartet hier nicht nur das Publikum des Golfclubs, sondern auch Radler, Wanderer und Ausflügler. Die Speisekarte zeigt gehobene bürgerliche Küche ohne Überraschungen, aber auf einem hohen Zubereitungsniveau. Spannender ist dann die zusätzliche saisonale Karte.

www.wulfsmuehle.de · Di–So ab 11 Uhr

24

Naturromantik im Norden

Schlemmen in einem alten Schulgebäude

Leicht | 32 km | 3,5 Std.

Tourencharakter
Leichte Tour, zuerst auf einem Bahntrassenweg, dann auf Wirtschaftswegen durch Felder; im Alstertal kurz Waldwege

Ausgangspunkt
Bahnhof Henstedt-Ulzburg, Tageskarte lohnt nicht, Lift vorhanden

GPS-Daten
53.795624, 9.982037

Endpunkt
U-Bahnhof Ohlstedt, Lift vorhanden

Anfahrt
Mit der U1 zur Endstation Norderstedt Mitte, umsteigen auf demselben Bahnsteig in die A2 zur Endstation Ulzburg-Süd, umsteigen auf demselben Bahnsteig in die A1 für eine Station bis Henstedt-Ulzburg
Alternative Verbindung: mit der S21 nach Eidelstedt und dort umsteigen in die A1

Abkürzung nach der Einkehr
Keine

Auf dieser Tour bringt uns eine Bahntrasse in die einsame Oberalsterniederung. Durch Wald kommen wir zu unserem Schlemmerziel nach Rade. Auch der Abschluss unserer Tour geht auf Waldwegen durch feinste Natur.

Die Fahrt mit der Bahn nach Henstedt Zu unserem heutigen Startpunkt Henstedt-Ulzburg braucht man vom Hauptbahnhof 58 Minuten und man muss zweimal umsteigen. Hört sich unbequem an, ist es aber nicht: Beim Umsteigen in Norderstedt-Mitte von der U1 in die A2 steht der Zug auf demselben Bahnsteig gegenüber schon bereit. Ebenso ist es in Ulzburg-Süd beim Umstieg von der A1 in die A2. Das ist für die Fahrradmitnahme sehr bequem! Und die Fahrt mit dem altmodischen Dieselfahrzeug ab Norderstedt durch die grüne Landschaft gibt schon einen Vorgeschmack auf die kommende Tour.

TIPP

Im Nabuhaus »Brookhus« kann man sich über die besondere Natur und Tierwelt dieser Gegend informieren. Von April bis Oktober ist dienstags bis freitags von 13:30 bis 17 Uhr, samstags und sonntags von 11 bis 17 Uhr geöffnet. Februar, März und November hat das Brookhus nur am Wochenende geöffnet.

Tafel am Nienwohlder Moor

Ein herrlicher Bahntrassenweg In Henstedt-Ulzburg ist es ganz einfach: Nachdem wir mit dem Fahrstuhl an die Oberfläche gehievt worden sind, queren wir die Hauptstraße an der Fußgängerampel zur gegenüberliegenden Eisdiele und finden etwas nach rechts versetzt unseren Einstieg in einen Bahntrassenweg, dem wir 14 Kilometer folgen werden. Auf dem Stadtgebiet ist der Weg wunderbar hergerichtet. Außerhalb von Henstedt wird es dann ein Weg mit einer festen Sanddecke, auf der es sich gut und unbeschwert rollen lässt. Das Grün links und rechts ist hochgewachsen und spendet an heißen Tagen

Entspanntes Radeln auf dem Bahntrassenweg Henstedt-Oldesloe

Schatten, lässt aber immer noch genügend Blickfreiheit auf die sanft gewellte grüne Landschaft zu. Wenn wir kurz anhalten, umhüllt uns eine wohltuende Stille. Wir durchqueren auf unserer Trasse Wakendorf und fahren weiter bis zum Dorf Nahe. Am Dorfeingang sehen wir links ein Regenrückhaltebecken. Dort quert die Trasse die Dorfstraße, auf die wir jetzt rechts einschwenken und auf der wir uns durch das Dorf hangeln. Wir queren eine Hauptstraße und biegen sofort dahinter an einer

Die Bahntrasse leitet angenehm durch die gewellte Landschaft

Gabelung nach rechts in die Mühlenstraße ein. Diese bringt uns zur Bundesstraße 432, wo wir ein kurzes Stück nach rechts fahren müssen, um dann hinter einer Friedhofskapelle links in die Straße Nienrögen abzubiegen.

Durch die Oberalsterniederung Jetzt steuern wir wieder auf einsames, ländliches Gebiet zu. Wir fahren an einem Bauernhof vorbei und biegen an einer Einmündung in den Weg nach rechts ein, der ein Waldstück halb umrundet. An einer Gabelung mit einem Wegweiser nach Gut Stegen biegen wir nach rechts und bald danach wieder nach rechts. Jetzt bleiben wir auf diesem Weg, biegen kurz dahinter nicht noch einmal nach rechts ab. Wir passieren das Areal der ehemaligen Burg Stegen und treffen kurz danach an einer Kurve die Alster, die hier ihren östlichsten Punkt erreicht hat und nun konsequent nach Süden zur Elbe hin fließt. Wir queren das Gut Stegen mit seinem Hofladen und seinem Hofcafé und behalten unsere Richtung – etwas versetzt – bei. Am Ende treffen wir auf die B75 (die sich

Die romantische Alster bei Rade

später mit der B432 vereinigt), der wir auf einem Radweg nun nach rechts für 2 Kilometer folgen. Wenn sich nach der Gaststätte Alter Heidkrug rechts die Straße Rethfurt zeigt, fahren wir dagegen links in den Wald hinein und gleich darauf rechts auf die unbefestigte Wulksfelder Dorfstraße. Nach 1,5 Kilometern kommen wir zu einer großen Wiese, vor der uns ein kleiner Weg links hinunter zur Alster führt, die wir auf einem Brückchen überqueren. Direkt dahinter biegen wir auf einen Weg nach links ein, der in den Rader Weg mündet. Wenige Meter geradeaus liegt unserer Schlemmerziel Alte Rader Schule.

Vom Duvenstedter Brook durch den Wohldorfer Wald Nach unserer Pause haben wir noch sehr schöne 6 Kilometer vor uns. Wir verlassen das Restaurant und könnten auf dem Rader Weg nach links fortsetzen, der hier in eine Linkskurve geht. Schöner ist es, noch in der Kurve rechts in den Waldweg hineinzufahren, um nach 100 Metern links in einen Pfad einzubiegen, der zu einem Trampelpfad wird. An dessen Einmündung in den Wulksfelder Weg können wir gleich geradeaus weiter fortsetzen in eine breite und schöne, aber unbefestigte Straße, die weiterhin Rader Weg heißt. Herrliche Landschaft umgibt uns. Am Ende biegen wir rechts in die wenig befahrene Straße Wiemerskamper Weg ein. Wenn die Straße einen deutlichen Rechtsknick macht, fahren wir

Einsame Landschaft in der Oberalsterniederung

geradeaus weiter auf einen Weg am Infozentrum Brookhus vorbei. Ein weiter Blick auf Wiesen erfreut das Auge. Am Ende des Weges halten wir uns geradeaus in die Herrenhausallee, überqueren die Ammersbek am Kupferteich und folgen der Straße, die jetzt Kupferredder heißt, immer weiter durch den Wohldorfer Wald. Am rechten Straßenrand ist ein Weg, der gut mit dem Fahrrad zu befahren ist. Wenn wir am jenseitigen Waldrand an einer Schule vorbeigefahren sind, suchen wir den ersten Weg nach links, der uns, in diesem Waldstück verbleibend, mit einer Linkskurve zum U-Bahnhof Ohlstedt bringt.

Alte Rader Schule

Im Tal zwischen Sielbek und Alster, eingebettet in Wiesen und Waldstücke, liegt diese sehr idyllische Ausflugslocation mit schöner Terrasse. Neben dem Fahrradständer vor dem Haus befinden sich am Zaun auch die Haken zum Anbinden von Pferden. Hinten im Garten sitzt man wunderbar; auch die Innenräume sind sehr schön gestaltet. Die Alte Rader Schule hat sich dem schleswig-holsteinischen Verband Feinheimisch zur Förderung lokaler, hochwertiger Produkte angeschlossen. Das Essen war auf hohem Niveau zubereitet und schön angerichtet, der Service sehr aufmerksam. Die Alte Rader Schule bietet ab und zu auch kulturelle Veranstaltungen in ihren Räumen sowie in der Winterzeit Gänse-, Enten- und Grünkohlwochen: Da bekommt man richtig Lust, dort auch einmal außerhalb der Fahrradsaison einzukehren!

www.raderschule.de · Di–So ab 12 Uhr

25

Wo die Hirsche röhren

Eine Tour de Natur vom Feinsten

Leicht | 18 km | 2 Std.

Tourencharakter
Leichte Rundtour auf breiten Wald- und Feldwegen, eine sehr schmale Episode und 2 km auf einer wenig befahrenen Straße

Ausgangspunkt
U-Bahnhof Ohlstedt, Lift vorhanden

GPS-Daten
53.694637, 10.137155

Endpunkt
U-Bahnhof Ohlstedt, Lift vorhanden

Anfahrt
Mit der U 1 zur Endstation Ohlstedt

Abkürzung nach der Einkehr
Keine

Auf dieser Rundtour der Superlative kommen Naturliebhaber auf ihre Kosten. Anfang September bis Ende Oktober ist Brunftzeit der Rothirsche im Brook. Aber auch im Frühling, Sommer und im Spätherbst haben die Naturschutzgebiete viel zu bieten.

Im Wohldorfer Wald Wir starten diese Rundtour an der Endhaltestelle der U1 in Ohlstedt. Wenn wir die einer Kapelle gleichende Schalterhalle durch die automatischen Türen verlassen haben, wenden wir uns nach links unter der Bahnbrücke hindurch und fahren auf der gegenüberliegenden Seite rechts in das Gehölz hinein. Der gerade Weg führt auf ein Schulgelände; also nehmen wir den kommenden Linksabbieger, um das Gelände zu umfahren. Am Kupferredder angekommen, fahren wir ein kleines Stück nach rechts und biegen dann 100 Meter weiter links in den Wohldorfer Wald ein. Dieser Wald ist der

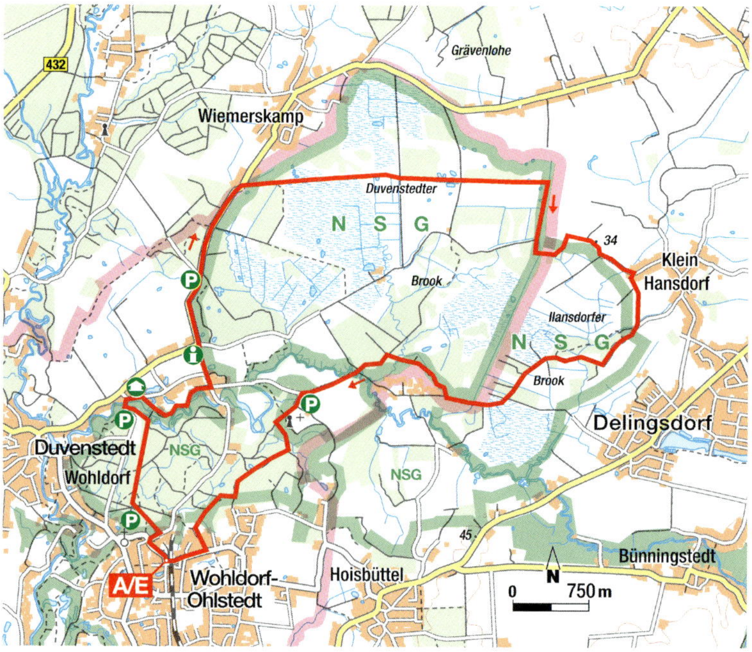

Prolog zum Brook; und was für ein Prolog! Ein lichter Buchenwald, sanft gewellt, mit kleinen, wilden Bächen, deren Bett sich durch umgestürzte Bäume verändern kann. An einer Wegekreuzung mit fünf Armen biegen wir halb rechts ab. Jetzt geht es schnurgerade durch diesen schönen Wald. Wir passieren eine kleine Holzbrücke und später auf einem Hügel einen historischen Eiskeller.

Im Naturschutzgebiet Duvenstedter Brook

Am Mühlenteich in Wohldorf

In der Niederung der Ammersbek Am Ende des Weges am Mühlenteich könnten wir geradeaus über die breite Holzbrücke fahren. Schöner ist es jedoch, den Mühlenteich nach links einmal zu umrunden – zumal wir dann auch noch am Wohldorfer Herrenhaus vorbeikommen. Dann, drüben auf der anderen Seite der Brücke angekommen, setzen wir unseren Weg geradeaus fort, der dem gewundenen Lauf der Ammersbek folgt: Das ist großes Naturkino! Der Weg mündet in ein Sträßchen, dem wir bis zur Kreuzung folgen, wo wir links einbiegen. In der Kurve wechseln wir geradeaus auf den Weg zwischen Weiden. Am Ende ist das Naturschutz-Informationshaus. Hier müssen wir weiter geradeaus leider für 2 Kilometer auf ruhiger Straße fahren.

Das Wohldorfer Herrenhaus

Einsame Wege durch den Brook

In den Duvenstedter Brook Wenn die ersten Häuser von Wiemerskamp auftauchen, biegen wir nach rechts in den Brook ein auf einen schönen, sehr langen Weg zwischen Waldstücken, großen Freiflächen und sumpfigen Abschnitten. Wir bleiben für 3 Kilometer immer geradeaus, biegen nicht ab und knicken erst am Ende mit dem Weg nach rechts ab. Der Weg ist jetzt an der Außenkante des Duvenstedter Brooks. Wenn wir nach links ein Holzbrückchen überquert haben, sind wir im Schleswig-Holsteinischen. Wir müssen jetzt ein Feld halb umrunden, wo der Weg zum Pfad wird und es etwas schwierig wird zu navigieren. Wer sich hier unsicher fühlt, kann kurz schieben. Auf der anderen Seite des Feldes wird der Weg wieder breiter. Wir treffen bald auf einen Rastplatz mit Unterstand. Am Ortseingang von Klein Hansdorf biegen wir in spitzem Winkel nach rechts ab und finden unseren Weg am letzten Haus nach links. So sind wir gleich wieder im Grünen.

Im Hansdorfer Brook An der folgenden Einmündung biegen wir nach rechts. Zuerst asphaltiert, wird unser Parcours am Waldrand ein breiter, bequemer Waldweg, dem wir 3 Kilome-

Rechte Seite:
Zauberhafter Herbst im Brook

ter folgen bis zu einer Einmündung kurz nach der Überquerung der Ellernbek, wo wir nach links abbiegen. Wir überqueren im Folgenden die Ammersbek und kommen aus dem Wald heraus.

Zurück durch den Wohldorfer Wald Wir biegen nach links in die Straße Ole Boomgarden und passieren den Waldfriedhof. Die Straße wird zum Weg, An der nächsten Möglichkeit, wo eine Bank steht, biegen wir nach links und sind jetzt auf einem breiten, hergerichteten Weg, der uns gewunden durch diesen herrlichen Wald bringt. Wenn wir rechts eine große Lichtung sehen, biegen wir an deren Ende nach rechts ab auf einen Weg,

Brücke über die Ammersbek am Rande des Wohldorfer Waldes

dessen Anfang links und rechts von einem Baumstumpf markiert ist. Drüben auf der anderen Seite der Lichtung nehmen wir den linken von zwei Wegen und landen schließlich in der Kehre des Melhopwegs. Diesen fahren wir zur Querstraße Alte Dorfstraße durch, biegen rechts ein und sind dann gleich – kurz vor der U-Bahnstation – an unserem Schlemmerziel, dem Landhaus Ohlstedt. Nach einer ausgiebigen Pause können wir in die U-Bahn steigen – es sei denn, wir kommen an der am Bahnhofsgebäude angeschmiegten Eisdiele der Kette Eisbär nicht vorbei: Schwach werden lohnt sich!

Landhaus Ohlstedt

Gegenüber der U-Bahnstation gelegen, ist das Haus ideal für unsere Rundtour. Die Innenräume sind hübsch modernisiert, der Service ist sehr zugewandt, die Speisen sind gutbürgerlich. Neben der umfangreichen Karte gibt es immer eine preiswerte Mittagstisch-Wochenkarte. Draußen sitzt man bei schönem Wetter vor dem Haus auf einer breiten Terrasse und kann dann sehen, dass die Ohlstedter Senioren dieses Restaurant lieben. Viele nehmen schon frühzeitig Reservierungen für ein Gansessen oder das Weihnachtsmenü vor. Das Bild ändert sich, wenn der Schulbetrieb des Gymnasiums Ohlstedt in die Mittagspause geht: Dann kommen Oberstufenschüler und holen Vorbestelltes ab oder ordern eine Portion Pommes zum sofortigen Verzehr. Auch das kann man hier bekommen.

www.landhaus-ohlstedt.de,
Di–Sa 11.30–20.30 Uhr, So 11.30–15 Uhr

Für jeden Tag die richtige Tour

1	●	Durch Parks zur Elbe	24 km	2,5–3 Std	●	●	●	●			●
2	●	Kleine Hafenrundfahrt	18 km	2–2,5 Std	●	●	●	●			●
3	●	Auf Parkwegen durch die Stadt	25 km	3 Std	●		●	●		●	●
4	●	Urbanes Hamburg	11 km	1- 3 Std	●		●	●		●	●
5	●	Sightseeing mit Sundowner	10 km	1- 3 Std	●		●	●			●
6	●	Feierabendtour	8/12 km	1 Std	●	●	●	●			●
7	●	Von der Dove Elbe zum Hafen	24 km	2,5 Std.	●	●		●			●
8	●	Fernweh inklusive	24 km	2,5 Std.	●	●		●	●		●
9	●	Wo Hamburg Berge hat	18 km	2 Std.	●	●	●		●		●
10	●	In die Heide	43 km	4–5 Std.	●				●		●
11	●	Am Wasser und im Land	46 km	3,5/5 Std.	●		●	●		●	●
12	●	In Marsch und Geest	38 km	4,5 Std.	●		●	●			●
13	●	Durch Wald und Moor	26 km	2,5 Std.	●	●	●		●		●
14	●	Zum Lütjensee	33 km	3,5 Std.	●	●			●	●	●
15	●	Durch Wald und Flur	23 km	2,5 Std.	●				●	●	●

Nr.		Tour	Länge	Fahrzeit	Einkehr	kindergeeignet	Sehenswürdigkeit	viel Sonne	schattiger Weg	Baden	ÖPNV
16	●	Eine Landpartie	39 km	3,5 Std.	●	●	●		●		●
17	●	Im wilden Billetal	15/19 km	1,5 Std.	●		●		●	●	●
18	●	Ins Ländliche	42 km	4,5 Std.	●	●		●			●
19	●	Vom Öjendorfer Park zur Glinder Au	21 km	2 Std.	●			●		●	●
20	●	Auf verschlungenen Weg zum Gut	17 km	2 Std.	●	●		●	●		●
21	●	Wo die Segelflieger starten	26 km	2,5 Std.	●	●	●	●		●	●
22	●	An Bächen nach Langenhorn	28 km	3 Std.	●	●			●	●	●
23	●	In den Knicks	27 km	3 Std.	●	●	●	●			●
24	●	Naturromantik im Norden	32 km	3,5 Std.	●	●			●		●
25	●	Wo die Hirsche röhren	18 km	2 Std.	●	●	●		●		●

Piktogramme erleichtern den Überblick

Länge

Fahrzeit

Einkehr

kindergeeignet

Sehenswürdigkeit

viel Sonne

schattiger Weg

Baden

ÖPNV

Nachschlag

Als gebürtiger Hamburger fand ich schon als Kind und Jugendlicher die motorverkehrsfreien Schleichwege spannend und bin sie in meiner Umgebung alle mit dem Fahrrad abgefahren. Später dann kam die große, weite Welt Westeuropas dazu mit ausgedehnten Radtouren – je nachdem, was die knapp bemessene Urlaubszeit hergab.

Besonders tiefe Erlebnisse waren die Zelt-Fahrrad-Ferien mit den Kindern – zuerst mit ihnen im Fahrradhänger. Als die Kinder groß und selbständig waren, wurden es wieder Touren zu zweit und auch solo. Freunde drängten darauf, die Touren und Erlebnisse anderen zugänglich zu machen.

Herbert Rönneburg

So wurde die Idee meines Radreiseblogs geboren (www.radreiseblog.blogspot.com), den ich seit 2012 betreibe. Und in diesem Blog startete ich dann auch die Rubrik »Hamburger Erkundungen«. Allein oder mit gleichgesinnten Freunden durchforstete ich ganz Hamburg nach grünen Routen, die zu schönen Tagesradtouren führten. Und natürlich haben wir jedes Mal auch eine schöne Einkehr als Zwischenziel angepeilt. Bei dieser Gelegenheit danke ich allen meinen Mitradlern für die nette Begleitung und für das eine oder andere Foto, das sie mir geschenkt haben.

Immer wieder lockt mich Hamburgs Grün zu Ausflugstagen auf dem Fahrrad, denn das grüne Hamburg ist einen (Rad-)Urlaub wert!

Ihr

Register

In gleicher Reihe erschienen ...

ISBN 978-3-7343-1366-0

ISBN 978-3-7343-1259-5

ISBN 978-3-7343-1474-2

ISBN 978-3-7343-1851-1

BRUCKMANN

www.bruckmann.de

Impressum

Verantwortlich: Kerstin Thiele
Redaktion und Lektorat: Franka Virteburch
Layout: BUCHFLINK Rüdiger Wagner, Silke Schüler
Repro: LUDWIG:media
Kartografie: Bruckmann Verlag GmbH, Heidi Schmalfuß
Herstellung: Alexander Knoll
Printed in Slovenia by Florjancic

★★★★★

Sind Sie mit diesem Titel zufrieden? Dann würden wir uns über Ihre Weiterempfehlung freuen. Erzählen Sie es im Freundeskreis, berichten Sie Ihrem Buchhändler, oder bewerten Sie bei Onlinekauf. Und wenn Sie Kritik, Korrekturen, Aktualisierungen haben, freuen wir uns über Ihre Nachricht an den Bruckmann Verlag, Postfach 40 02 09, D-80702 München oder per E-Mail an lektorat@verlagshaus.de.

Unser komplettes Programm finden Sie unter www.bruckmann.de

Alle Angaben dieses Werkes wurden von den Autoren sorgfältig recherchiert und auf den neuesten Stand gebracht sowie vom Verlag geprüft. Für die Richtigkeit der Angaben kann jedoch keine Haftung übernommen werden, weshalb die Nutzung auf eigene Gefahr erfolgt. Insbesondere bei GPS-Daten können Abweichungen nicht ausgeschlossen werden. Sollte dieses Werk Links auf Webseiten Dritter enthalten, so machen wir uns die Inhalte nicht zu eigen und übernehmen für die Inhalte keine Haftung.
In diesem Buch wird aus Gründen der besseren Lesbarkeit das generische Maskulinum verwendet. Weibliche und anderweitige Geschlechteridentitäten sind dabei ausdrücklich mitgemeint, soweit es für die Aussage erforderlich ist.

Bildnachweis
Alle Bilder im Innenteil stammen vom Autor. Zwei Bilder auf Seite 29 wurden freundlicherweise vom Weinbistro zur Verfügung gestellt. Auf Seite 107 wurden ebenfalls zwei Bilder von der Fürst Bismarck Mühle freundlicherweise zur Verfügung gestellt.
Umschlagvorderseite: An der Außenalster (shutterstock/Lina Zavgorodnia)
Umschlagrückseite: Auf der Terrasse der Aalkate (Tour 12) (Herbert Rönneburg)

Die Deutsche Nationalbibliothek verzeichnet diese Publikation in der Deutschen Nationalbibliografie; detaillierte bibliografische Daten sind im Internet über http://dnb.d-nb.de abrufbar.

3. aktualisierte Auflage

Infanteriestraße 11a
80797 München

ISBN 978-3-7343-2145-0